HIRDAN

HIRDAN

loollanka sayniska, dhaqanka, iyo diinta

معركة التقاليد

MAXAMMED QUDUB

Tarjumid

MAXAMMED GAANNI

QALINMAAL

Dhigaalka, naqshadaynta, iyo qaabeynta jaldiga: Muxammad Yuusuf.

Typesetting and cover design by Mohammed Yusuf.

cover image by geralt from Pixabay.

ISBN: 979-8-9897328-0-7

Waxaan ku bilaabayaa magaca Allaha naxariista badan, uumiyaha oo dhan ku gallada inta dunida guudkeeda la joogo, adoommadiisa suubbanna aakhiro ku gooni yeela.

TUSMO

HIBAYN

Waxaan u hibaynayaa turjumaadda buuggaan qoraagi-isii xaqiiqada u oommanaa, una hiilin jiray, loo na dhi-baateeyay weerta iyo qalinka aragtida gudbiya iyo ruux walba oo aqoonta u daacad ah, xilkas u ah, xaqa baarid-diisana u adkaysta, kana aqoonsada dheeha, dhalaalka iyo dhayalka, halbeegga iyo manhajkana iska toosiya oo deedna natiijada uu gaaro u hoggaansama.

SOOYAAL KOOBAN

Sheekh Muxammad Qudub Ibraahiim Xuseen Shaadili, waa bare sare, aqoonyahan, mufakir iyo qoraa muslim ah oo cabqari ah. Waxa uu ku dhashay tuulada Muushaa ee Asyuud, 26-kii Abriil 1919-kii. Aabbihi waxa uu ahaa beeralay aan dugsiga hoose ka badan ka dhigan tacliinta laakiin ahaa akhriste weyn oo gayaysiisay in la gu tiriyo aqoonyahanka u oogan danta duug, qaddarin iyo ixtiraam ballaaranna ku mutay, bulshaduna ay u aqoonsatay shaqsi ka mid ah indheergaradkeeda. Hooyadi waa marwo Faadima Cismaan oo ka soo jeedda qoys carbeed oo cilmiga jecel, walaalaheedna ay wax ka baran jireen Azhar , waxaana si gaar ah uga dhex muuqday Axmed Xuseen al-Muushi oo hibo sugaaneed iyo mid qoraaleedba lahaa oo ahaa abwaan iyo suugaanyahan ku foogganaa saxaafadda iyo siyaasadda, magacna ku yeeshay. Taasi waxay saamayn ku yeelatay Faadima oo jacaylka aqoonta iyo saqaafaddana ku soo barbaartay, jeer ay go'aansatay in ay labadeeda wiil ee Sayid iyo Muxammad ay u dirto Qaahira si ay wax uga soo bartaan. Muxammad waxa uu waxbarashadiisa hoose, dhexe, sare iyo jaamacddaba uu ka dhigtay Qaahira oo uu kaga baxay jaamacadda Qaahira asaga oo bartay af-Ingiriiska iyo suugaantiisa. Waxa uu jaamacadda ka baxay 1940-kii, deetana macadkii barbaarinta sare ee macallimiinta ayaa uu sii watay oo waxa uu qaatay dibloomada tacliinta sare ee tarbiyada iyo kasmonafeedda.

Bare-sare, Muxammad waxa uu sheegay in qofkii noloshiisa ugu saamaynta badnaa uu ahaa walaalkii Sayid Qudub oo ka weynaa toban iyo laba sannadood, gacantana ku hayay waxbarashada Muxammad, hagiddiisa, iyo aqoon dhiskiisa, oo wuxuu uga dhignaa aabbe, walaal, iyo saaxiib. Muxammad waxa uu yiri ‘waxaan la noolaaday afkaartii Sayid dhinacyadeeda oo dhan tan iyo markii indhuhu ii dillaaceen, markii aan dugsiga sare gaarayna waxa uu ila wadaagi jiray saabsanayaasha fikirkiisa, wuxuuna isiin jiray fursad aan ku la niqaasho saabsanayaal kala duwan. Sidaa darteedna waxaa isdheehay fikradahayaga iyo arwaaxdannada oo ay weheliso xiriirkii walaalnimo iyo ku barbaaridda hal qoys oo intuba ka qaybqaatay diyaarinta jawigaas iyo islajaanqaadkayaga.

Waxaa kale oo Muxammad saamayn ku lahaa abtigi. Muxammad waxa uu yiri: la noolsaanshihii abtigaygii lahaa dhaqdhaqaaqyada siyaasadeed, suugaaneed, iyo saxaafadeed waxay aniga iyo walaalkayba na gu lahayd saamayn muuqata oo noo jihaysay xagga suugaanta iyo gabayga, quudisayna u janjeerkayagii akhirska iyo daalacashada. Abtigay waxa uu xiriir qotodheer la lahaa Caqaad oo ayana noo jiidatay in aannu fikir iyo sugaan ahaanba ku saamowno, laakiin saamayntii ay ku yeelatay walaalkay ayaa weynayd sababtuna waa saaxiibnimadii iyo la noolaanshihii dheeraa iyo in ay wadaageen dhaqdhaqaaqyada suugaaneed, gaar ahaanna naqdiga suugaanta.

Muxammad, waxa uu la dhashay Sayid Qudub. Amiina Qudub iyo Xamiida Qudub.

Waxay ahaayeen qoys islaamiyiin, suugaanyahanno iyo mufakiriin waaweyn ay ka soo baxeen oo ay dunida keligiteliska, qowmiyada, shuuciyadda, iyo calmaaniyadduba si isku mid ah ama isu dhaw ay u caddibeen, noloshana ay qaarkood u dhaafiyeen, qaarna ay marar kala duwan oo dheerdheer ay xorriyadda ka qaadeen ayaga oo sababsaday in ay dhaheen, kor ugu dhawaaqeen, ku na adkaysteen aragtida ay ka haystaan bulshadooda waxa u dan ah iyo fahanka diintooda, taa oo cabsi ku haysay hoggaankii keligitaliska ahaa ee adkaysi la'aantu ay had iyo jeer dabciga u tahay. Ayada oo ay dil iyo jirdilba ku socdaan ayaa ay barbar socotay in la isku dayo in lagu qanciyo mansab iyo maamuus adduun oo loo ekaysiinayo in ay qaddiyaddooda qiime u qalma ay tahay, si loogu siro sasabashada birbirka adduunyo oo ay mabaad'idooduna u qiime dhacaan, dadka ay ka gadantayna ay ama fikraddii ka tanaasulaan ama ay la colloobaan. Kartidooda, halyaynimadooda, ikhlaaskooda iyo aamminaaddooduna marnaba ma aanay oggolaan in ay isu dhiibaan nidaamkii masar ee koobsaday wax kasta oo dunida markaa ugu cadowsanaa islaannimada iyo wixii jirrid ku leh. Halka uu sayid Qudub ka shahiiday ee la daldalay, Xamiida ay caddib iyo xabsi kala duduwan ka dib ay u haajirtay, Muxammadna xabsi dheer ka dib waxa uu noqday qariib noloshiisa ku dhammaystay dalka Sacuudiga oo uu ka ahaa bare sare oo jiilal badan tacliimay, afkaartiisana siyaalo kala duwan ugu tallaalay. Barannimadiisu ku ma aanay ekaan ardaydii sabuuradda iyo fasalka e, waxaa uu ka tegay tobannaan buug oo qaar ka mid ah ay saabsanaha awgii u eg yihiin silsilad hal aragti sharraxaysa. Silisilad la oran karo wax-ay ku midaysan tahay naqdinta xayawaanaynta aadan-aha, horumarka iyo isbeddelka gaabiska ahaa ee dib ka rooray ee aadanaha abuurtiisa la gelinayo iyo burburin-ta rooxaaniyadda gabbaadka u ah aadanaha ay walaxdu si xawli ah uga sii dhigayso arxanlaawe aan lahayn ruux-dii aadanaha uu Alle ku mannaystay.

Baraheennu waxa uu dunida ka galbaday oo uu ku geeriyooda magaalada Jidda, Sacuudiga, afartii abriil, 2014-kii, asaga oo dunida uga tegay buugaag culculus oo gaaraya ilaa soddon iyo lix oo uu tilmaamay in uu ugu jecel yahay buugaagtiisa kii ugu horreeyay ee 'al-insaan bayn al-maaddiyah wal-islaam' oo uu ku xigo 'jaahili-yah al-qarni al-cishriin' oo uu ku xigo qisadii noloshiisa iyo quraanka tan iyo carruurnimadii iyo bisaylkiisa fikir ee la yiraahdo 'diraasaad qur'aaniyah'.

Muxammad waxa uu caan ku ahaa qoraallo fikir oo qotodheer, asaga oo mar walbana u arkayay in xalku uu yahay islaamka, aqoonta galbeedka ee sayidcalaynay-sana aanay ahayn geedkago'anka noloshu ku sargo'an tahay, taa beddelkeedna ay tahay xaddaarad maadda-da ku dhisan, macnihii, rooxaaniyaddii iyo aadannima-diina lumisay. Buuggaan aynu ugu wanqallay 'Hirdan: loollanka sayniska, dhaqanka, iyo diinta' ugu ma tegi doonno aragtiyo iska soo horjeeda oo loo garsoorayo. Waxa ugu weyn ee uu buugguu inoo sawirayo waa bar biyo kamadhibcaan ah oo ah in aragtida galbeedka ee dunida sida yaabka leh maaddo ahaan ugu hormarisay aanay ahayn in loo daraaseeyo sidii wax ka maran curiyaha aadanaha, saamaynna aanay ka ga tegin wacyiwadareedka ka curtay xaaladihii nololeed ee ay yurub ku jirtay muddooyinkii uu soo bilowday dagaalkaan kulul ee keenay in ay yurub si walba ilaa maanta col u la tahay wax walba oo la xiriira diinta, rooxaaniyadda, qiyamka iyo caadooyinka. Waxa uu inoo guudmarayaa sida xaal ahaa, wixii xaqiiqo ahaa iyo wixii dhayal ahaa ee isku walaaqmay oo guudmar guud ah. Waxa uu ina ka codsanayaa in aan dhiirranno oo aan caddaysanno waxa aan rabno marka aan hubsanno, weydiimo iyo sawirasho la xiriirta sida aan noqonayno haddii aan muslimiin sax ah noqonno iyo in uusan buuggaan u qorin si ay dunida oo dhan buuggiisa iyo kuwo la mid ah ugu islaamto. Waxa uu ka ambaqaadi doonaa Daarwin iyo Farooydh iyo saamayntii ay ku lahaayeen isbeddelladii dhan walba ay yurub ka samaynaysay. Aragtida horumarka iyo aragtida jinsiga.

Sida uu meelo badanba ku qeexay bare sare Muxammad waxa uu qabaa ‘in aragtida horumarka iyo horukaca wax walba ee dunida ka jira ee halbeeggana looga dhigay noloshu ay tahay sababta ugu weyn ee ay diinta isu hardinayaan, marnana aan laga baxsan karin natiijadaas. Fikirka, caqiidada, qiyamka, mabaad’ida, iyo dhinacyada maaddi ee noloshu waa ay horumarayaan, xilli walbana horumarkaa ayaa wax walba la gu salaynayaa, taasina waxa ay keenaysaa in diinta loo sawirto wax weligeedba horumar ku jirtay, aakhirkiina ay noloshu gaartay heer aanay isla jaanqaadi karin.Waxay dadku u haystaan in ay diintu ku dhisan tahay:Ilaah negi, caqiido negi, cibaado negi, qiyam negi, fahanno negi, dhaqanno negi, iyo nolol negi' [M. Qudub; Horumarka iyo Negaanshaha; b.5, *ka la horraysiin yar baan ku sameeyay*]. Taa beddelkeeda waxa uu caalimkeennu qabaa 'in aragtida islaamka ee nolosha iyo aadanaha ku aaddani ay tahay isudheellitir. Islaamku waa nidaamka si qotodheer oo muuqata isugu miisaamaya awoodaha kalageddisan ee aadanaha. Waxa uu isu dheellitirayaa ruuxda iyo jirka, hilowga sare iyo isjiidjiidka abuurta, isudhiibidda baahiyaha nolosha iyo iskala sarraynta u qaadaysa jihada sare. Sidaa oo kale waxa uu islaamku taagan yahay bartamaha fikirrada xagjirka ah ee aadanaha. Waxa uu bartanka u taagan yahay afjugidda ay khasbayaan nidaamyada ama caqiidooyinka qaar iyo durdurada xayawaannimo ee ay tilmaamayaan aragtiyaha qaar ka mid ah aqoonyahanka kasmanafeedda sida Farooydh. Waxa uu bartanka u taagan yahay nidaamka kelinnimada ee uu ku dhisan yahay caalamka hantigoosadka iyo nidaambulsheedka xagjirka ah ee uu ku dhisan yahay nidaamka shuuciyaddu. Waxa uu u dhexeeyaa maaddannimada xaabisada ah ee nolosha ku xaddidaysa waxa dareemayaasha ku hareeraysan iyo rooxaaniyadda xaabisada ah ee baylihinaysa caalamka maaddada si ay isugu marmarto nuurka ruuxda iyo hummaagyada khayaaliga'.

Buuggaan waa bidhaamiye, waana sahan akhristihiisa ku hagi doona il cusub oo ay tahay in uu ka eego aqoonta casriga ah iyo sida uu u dersayo iimaankiisa, sayniska iyo diintu saamaynta ay noloshiisa ku leeyihiinna uu isu gu dheellitiri lahaa. Ugu tegi mayno tax dheer oo uu ka ga warramayo afkaarihii is hardiyay oo dhan e, waxa uu inoo bidhaaminayaa bar bilowyo muhiim u ah fahanka loollanka dunida ka socda ee guri walba gaaray, caalamaynta dunidu ay dad badan gaarsiisay in ay indhadaraandarmaan, yaabaan oo ay sayniska xaq iyo wada xaqiiqo u arkaan, diintana kutirikuteen dunida laaqitaan ugu filan. Waxa uu inoo sawirayaa waxa ugu weyn ee loo bogay iyo waxa ugu weyn ee la la lumiyay. Waxa uu inoo iftiiminayaa sida dunida islaamku aanay u lahayn aragti nololeed oo ay maanta ku qaadan karaan ama ku diidi karaan aragtida reer yurub, habayaraatee aysan khasabna ahayn in horumarka loo maro wadiiqadii yurub ay martay, taa beddelkeedna ay tahay in aan dib ugu noqonno furaha horumarka ee yurub aanay haysan innaguna aan haysanno, xalkuna uu yahay islaannimada oo si dhab ah loo fahmo, loo na qaato, sawirrada soke ee dadka ku soo dhacaya ee argagaxa iyo dibdhaca lehna aanay ahayn xaqiiqada islaamka.

Halkaan, ku ma sharrixi karo, ujeedkayguna ma aha in aan saabsanaha buugga iyo qaybihiisa oo dhan kuu soo gudbiyo e, waa bidhaamin guud iyo in aadan u qaadan in akhriksa buuggaan aad kaga cayman kartid hirdanka afkaareed ee socda, akhriskiisana aad muslim sax ah ku noqon kartid e, keliyaata waa tilmaan, ibofur iyo in aan gacanta kuu qabto jidkii aad u sii mari lahayd buugga culus ee qoraaga culus ee Muxammad Qudub iyo Hirdan.

Shifo ku afsaar oo shar kuu ma leh, Alle idankii.

HIRDAN XX

MAHADNAQ

‘Qofkii abaal idiin gala u guda, haddii aydaan u gudinna u duceeya’ xadiis sharfan weeyaan e, waxaan mahad mug weyn u naqayaa walaalaha iga la qaybqaatay sixidda buuggaan iyo kormarkiisaba ee ka la ah: Maxamuud Sayid, iyo Maxammed Shaaxuur. Waxaan sidaa oo kale u mahadnaqayaa ustaad Muxammad Yuusuf oo sameeyay quraaridda buugga. Ugu dambaynna madbacadda Qalinmaal oo ku soortay in uu ka mid noqdo buugaagta ay summaddeeda in ay yeeshaan u qalma. Waxaan kale oo u mahadcelinayaa cid walba oo igu dhiirrigelisay, iigu hambalyaysay, talo iyo tusaalana igu biirisay.

Ugu dambaynna, waxaan u mahadcelinayaa akhristaha waqtigiisa ku soora ee u garta buug mudan in uu wax ka dheefo. Akhriste, weligaa waxaad ahayd, ahaanna doontaa-Alle idankii, dhiirrigeliyahagya koowaad iyo jaalka ugu mudan ee aan sadar walba ku la rafiiqo sida uu iila rafiiqo doono soobixidda qoraalka ama buugga ka dib. Mahadsanid.

Mahadsanidiin.

AFEEF

Aadane dhammays ah ma jiro, shaqo uu qabtayna qabyo iyo qalad la ga ma waayee, wixii aan ku gefay, wixii aan ku dhacay iyo wixii aan ka gaabiyayba, ha la gabban dhaliishooda adiga oo aan dhimrinta ka tegayn. Wixii dhaliil ah dheg furan baan u hayaa, khasab iyo waajib aqooneedna weeye in aan u soo gole joogsado, waxna aan ka qabto. Codsigaygu waa in aad waajibka baraarujineed ee ay aqoontu ku gu leedahay aad gudatid, anna ballantaydu waa in aan wax ka qabto.

Haddii se ay kuu la ekaato in uu wada qalad yahay, uusan una qalmin hagaajin, fadlan, ii sheeg, noo sheeg, innaga oo dhan si aan u caymanno.

BIDHAAMIN

Kolkii wax la qorayo eraybixinnana waa adkaadaana ama fahamkooda ayaa si uun u fogaadee, intii aan islahaa way ugu yara qarsoomi karaan waxaan ku xusay faallooyin middiiba mar uun ay bidhaaminayso.

Waxaa kale oo jira faallooyin cagdhigyo ah oo uu qoraagu buuggiisa ku laray iyo kuwo aan ka turjumaan ahaan u arkay in ay muhim yihiin, waxayna taasi khasab ka dhigaysaa in ammaanada aqoonta darteed ay ka la muuqdaan. Wixii aan ku daray ee faallo ah waxaan raaciyay xarafka T, wixii uu qoraagu lahaana sidooda ayaan u daayay.

Waxaa kale oo jira erayo dhif ah oo uu qoraalku u baahday in la gu laro si macnuhu u xiriirsamo, taana waxay ammaanada aqoontu igu khasabtay in aan ku muujiyo qoysaskaan [ ].

Waxaan ku bilaabayaa magaca Allaha naxariista badan, uumiyaha oo dhan ku gallada inta dunida guudkeeda la joogo, adoommadiisa suubbanna aakhiro ku gooni yeela.

HORDHAC

Ayaamahaan waxaa dhulka bariga ee muslimiinta oo dhan ka aloosan guluf ku wajahan caadooyinka iyo dagaal joogto ah oo aloosnaantiisu aanay marna damayn.

Caadooyinkaan duugga ah... caadooyinkaan duqoobay.. Caadooyinkaan dibusocodka ah... caadooyinkaan fadhiidkaa.... Ma dhalayskaa... dambeeya ee rifrifkaa... waxaa habboon in salka laga rujiyo... waxaa habboon in kabaha lagula dul socdo.

Waa in ay bulsho cusubi dhalato.. bulsho xor ah... bulsho horusocod leh... bulsho horumarsan... bulsho laga furay dabarrada.

Sidaa ayay collaytinka caadooyinku ay ku socdaan.

Waa dagaal aad u kulul... goobta uu ka dhacayana waa goob kasta.

Goobtiisu waa guriga iyo jidka... shaneemada iyo dugsiga... tareenka iyo gaariga... warsidaha iyo joornaalka.. khudbadda iyo buugga.. Miyiga iyo magaalada.

Dadka oo dhan ayaa colaaddaan ciidan u ah.

Askarteedu waa kurayda iyo gashaantimaha... wiilasha iyo gabdhaha.. barayaasha iyo ardayda... buugaagta iyo qoraayada... suubbanayaasha iyo mooryaanta.. nin iyo naagba.

Waa wax caadi ah in dagaalkaani uu ka dhaco Masar iyo bariga muslimiinta oo dhan.

Wax caadiya ayay ahayd marka loo eego dhacdooyinkii waayadaan dambe bariga ka dhacay. iyo sidoo kale marka loo eego xaaladaha soo kordhay iyo isbeddellada ay mandiqaddaani ku dhib mudatay ee dhinacyada siyaasadda, dhaqaalaha, fikirka iyo saqaafadda-haddii ay noqon lahayd xagga fahanka aragtiyaha ama hirgelintooda, xagga kulmisooyinka (al-kulliyaad) iyo waaxyada (juz'iyaad) iyo wax walba oo nolosha ku saabsan.

Dunida islaamku waxay seexatay hurdo dheer oo ugu yaraan laba qarni qaadatay.. Hurdadaan dheer waxay ahayd natiijada ka dhalatay waqtigii ka horreeyay ee ahaa xilli fadhiidnimo iyo dhagaxoobid ku summadan. Fadhiidnimo fikir, dareen iyo shaqo. Fadhiidnimo fikirrada u rogay qaacidooyin dhintay oo bilaa naf ah.. Dareenka gudeedna u beddelay mid ka maran asalnimo iyo run.. shaqooyinkana u geddiyay qabasho ka maran nolol iyo hal-abuur.

Waa fadhiidnimo dunida islaamka ka dhigtay tu jiidanaysa xadaaraddeedii hore ee weynayd iyo fikirradeedii iyo hirgelintoodii hore oo aan waxba lagu biirin, gaarsiisayna in ay noqoto mid aan ku kordhinayn wax cusub oo la baratami kara hayaanka sebanka iyo socdaalka nolosha.

Deetana waxa uu islaamku hurdadii kaga toosay giriirro daran oo ligligay.

Waxa uu ku baraarugay sharqanta gummadihii reer galbeedka oo guryihiisii dhex jibaaxaya, kuna kharribaya wax lid ku ah, dhac, fasaad iyo burburinta wax kasta oo muqaddas ah iyo wax walba oo agtiisa qaali ka ah.

Wuu toosay, waxa uuna bilaabay inuu iska jafo boorkii qarniyada.

Inuu iska jafo jahliga, engaygga iyo kakanaanta.

Inuu iska hurgufo wahsiga, dansanaanta iyo isdhigashada.

Iyo inuu iska firdhiyo caqiidooyin iyo fikirro badan.

Waxaa bilowday iskudhacyo daran oo bariga iyo galbeedka dhex maray... waxaa sidoo kale dhacay isdhexgal.

Iskudhacyo nabadgalyo, hirdan aragtiyeed iyo iskahorimaad caqiido.

Isdhexgal siyaasadeed, isdhexgal saqaafadeed iyo isdhexgal dhaqameed.

Ma jirin hal marin oo ay galbeedku bariga uga soo gudbaan e, waxaa jirtay marinno kala duwan iyo jidad kala soocan.

Mar waa duullaan dagaal oo hub ku gaashaaman.

Mar waa duullaan dhaqaale oo xambaarsan raasmaalkii ay ku maalgashan lahaayeen la soo bixidda dahabka bariga, si ay gumaystayaashu u dararsadaan.

Mar waa duullaan fikir oo wata buug, joornaal, bare iyo dugsi.

Mar waa duullaan rooxaaniyadeed oo gumaysanaya caqiidada ay arwaaxdu aamminsan tahay.

Mar walba waa duullaan.. Waana isku mid haddii ay

tubtiisu muuqato ama ay fahanka dadka ka dahsoon tahay.

Bartamaha giriirkaan daran ee reer galbeedka gumaystaha ah ay kaga sasiyeen reer bariga... dhexbartanka halgankaa siyaasadeed, dhaqaale iyo fikir ee xigay ilbiriqsiyadii baraarugga... intaa oo dhan dhexdooda ayaa waxaa ku burburay in badan oo ka mid ah caadooyinkii, fikirradii, caqiidooyinkii iyo fahannadii tagtada. In ay burburtana wax dabiici ah ayay ahayd.

Bulshadii kacaantay waxay baaritaan u galeen helitaanka caadooyin, fikirro, caqiidooyin iyo fahanno wada cusub.. In ay baaraanna caadi ayaa ay ahayd.

Baaritaankaan dhexdiisa ayaa waxaa ka curtay dagaalkii weynaa.. hirdanka caadooyinka.

Ma waxaan soo celinnaa dhismaha tagtada oo seeskeedii hore ku taagan?

Ma waxaan dhisnaa bulsho sal iyo baar cusub oo tagtadiina dhabarkaan u duwnaa?

Ma suuragal baa in dhismihii hore uu soo noqdo siduu doonaba ha u ekaadee?

Ma dhici kartaa in ay dhisanto bulsho cusub oo aan wax xiriir ha la lahayn dhaxalkii hore... dhaxalkii degaanka, dhaxalkii fikirka, iyo dhaxalkii caqiidada?

Wixii hore iyo waxa cusub ma isku milnaa?

Ma suuroobi kartaa isku-qooshiddaani ayada oo lagu kala tagsan yahay qiyamka, halbeegga lagu kala duwan yahay, fahannaduna ay iska soo horjeedaan?

Iskaba daa waxaas oo dhan e, ma jiraa soojireen aadanaha oo dhan isku xiri kara?

Ma jiraan halbeegyo weligoodba negi?

Miyaa jiil kasta oo arlada ku nool ay ku habboon tahay inuu gadaal dhugto?

Haddii ay taasi waagii hore u bannaanayd bulshadii beeralayda ahayd ee yuururi jirtay oo fadhigu doorsoomin jiray, dibdhaca ahayd ee uu xaddidnaa adduun-araggeedu, miyay ku habboon tahay bulshada warshadlayda ah amaba casriga nukliyeerka?

Sideeda ahaanba ma loo oggol yahay in ay aadanuhu caadooyin yeeshaan?

Mise caadooyinkaani waa caqabado dibrid ku keenaya casriga nukliyeerka iyo gantaalka? Casriga si buuxda dabarrada la isaga furo... sebanka hinqashada buuxda ee dhulka iyo hawadaba... waaga xoroobidda dhammayska ah ee maaddada iyo aadanaha?

Taasi waa qeyb ka mid ah xaabada dagaalka.

Ma doonayno in aan imminka ku degdegno xukumidda mid ka mid ah masalooyinkaan.

Waxaan doonaynaa in aan buug yarahaan ku soo bandhigno dhalashada masaladaan iyo horukaceeda, laga yaabee in aan iftiinka baaritaankaan saxdii ku gaarno .

Eebbana waxaan ka filaynaa inuu na waafajiyo.

Muxammad Qudub

HIRDAN 6

DULMAR TAARIIKHEED

Sidee ayay ku burbureen caadooyinkii Yurub?

Maalin maalmaha ka mid ah waxay Yurub ahayd qaarad caadooyin leh e, sidee ayaa uu ku yimid horumarka sidaa u culus ee burburiyay caadooyinkeedii, deetana faraha ka qaaday jeer oo uusan harin dabar celiya?

Barashada taariikhda Yurub waxay dheef inoo ku leedahay diraasaynta dagaalka kulul ee maanta ka socda bariga islaamka. Yurub waa dad, annaguna dad baan nahay. Dadka oo dhan waxaa ka dhexeeya sifooyin ay wadaagaan, xiriir qaraabo oo dhowna waa ay leeyihiin. Sidaa darteedna waxa uu qofku awoodaa inuu la socda dhaqdhaqaaqyada aadanaha oo walaalkii ah meeshii uu doonaba arlada ha ka joogee. Sidaa ayuu midkood ugu daydaa ama uu ugu waano qaataa waayo-aragnimadiisa ama waanada taariikhda.

HIRDAN 8

Maalin maalmaha ka mid ah Yurub oo dhan waxay ahayd masiixiyad. Si kasta oo ay caqiidadu ku ahayd nafaha reer Yurub-mid gundheer, mid afka baarkiis ah, mid dhab ah, mid dhayal ah, mid rumayn sal leh ah, mid garbatabsi ah, mid rooxaaniyad ah, mid fikir ah-waxaa hubaal ah in Yurub saddex qarni ka hor ay ahayd mid rumaynteeda uga fara-adayg badan sida ay maanta tahay, sidoo kalana ay ahayd mid uga saamoobid badan fahannadeeda, si u araggeeda, fikirradeeda iyo isku-daarashadeeda sida ay sebankaan casrigaa tahay.

Waxaan rabnaa in aan dulmarkaan boobsiiska ah aan ku dabagalno xarriiqda waqtiga ee labadii qarni ee u dambaysay ay Yurub ku socotay, si aynu u derisno sababaha horukaca iyo jihooyinka dhacdooyinku u socdeen. Waxaan u doonaynaa sababo judhiiba inoo caddaan doona awgeed in aan xarriiqno diillin cad oo kala barta si u araggii dadka iyo fikirkooda Daarwin ka hor iyo Daarwin ka dib.

Taariikhdu ma leh diillimo si dhammays ah u kala go'an e, xarriiqaheedu waa kuwo isku dhexjira, iskoraya oo doorsoonkoodu uu gaabis yahay. Sidaa oo ay tahayna diillimaheeda qaarkood waa ay ka muuqdaan bogga taariikhda, weliba si aad u cad.

Haddii ay Yurub weligeedba ahayd mid aanay diin ku dhaqankeedu sii gundheerayn-wadar ahaan, waxay si u aragga diineed ee kirishtaanku ahayd midda maamusha fikirka reer Yurub, ugu yaraanna jihaysa dhinac ka mid ah qaab nololeedkooda.

Si u aragga kirishtaanku waxa uu leeyahay: waxaa jira Eebbe uumay koonka iyo nolosha, deetana aadanaha abuuray. Si u araggaani waxa uu lahaa: Abuuruhu ujeeddo ayuu ka leeyahay uumidda koonka, nolosha iyo dadka, si gaarana aadanuhu waxa uu nolosha ku leeyahay kaalin culus. Eebbe ayaa suuraddiisa ku uumay, sharfay, kana sarraysiiyay uumiyaha dhulka oo dhan. Waxa uu siiyay astaamo u dheeri ah oo aysan uunka kale la wadaagin, waxaana ka mid ah hadalka, fikirka iyo ruuxda.

Intaa marka laga tago, waxa uu kaloo si-u-araggaani lahaa: Eebbe waa horreeye negi, ujeedka uu ka leeyahay abuuridda aadanuhuna waa ujeeddo horraysay oo negi. Ka dib waxay taa ka dhambalan jireen-fahan badi rooxaaniyad ahaa oo kolkolna falsafad ahaa, in nolosha aadanuhu ay tahay mid negi, nidaamkiisu yahay mid negi, dabeecadaha ku uumani ay yihiin kuwo negi, caqiidooyinkiisa, fikirradiisa iyo caadooyinkiisuna ay yihiin kuwo negi.

Waxaa qabatimidda fikradda negaanshaha ku riixayay in nolosha beeralayda milkiyaddu gaarka tahay ay dhab ahaantii ahayd mid leh nidaam, qaacidooyin, fikirro iyo caadooyin negi, waxayna sidaa ku negayd muddo ku dhow kun sannadood.

Sidoo kale xogtooda cilmi falagga, dabeecada iyo cilmiga nolosha waxay ku lahayd: wax walba waa nagaade aan qaabkiisa ka doorsoomayn. Sidaa darteed, negaanshuhu sidiisaba waa sidii uu Alle ku uumay arlada, waxna iskama aanay beddelin. Xayawaanku jinsi kasta, nooc walba iyo qeyb kasta oo uu yahayna waa sidii uu

Alle ugu uumay qaabka ay maanta u eg yihiin. Xiddigaha, falagyada, dayaxa iyo dhulkuna waa sidii uu waa hore Eebbe ugu abuuray, wax doorsoon iyo isbeddel ahna ku dhici mayaan ilaa ay qiyaamaha ku habsadaan wixii ku dhici lahaa.

Aadanuhu waa sidaa oo kale. Tan iyo maalintii Aadan la abuuray. Aadanaha, wax walba oo ku jira waa negaade: jirkiisa, caqligiisa iyo ruuxdiisaba.

Waxa uu qof kaga duwanaan karaa qof kale, shacabna shacab kale, jiilna jiil kale qeybo ka mid ah tilmaamaha shaqsiyadeed, xaddiga aqoonta iyo jahliga, heerka hanuunka iyo baadida. Laakiin aadanuhu guud ahaantood iyo xaaladahooda oo dhan waa aadane. Goobada ay ku wareegayaanna, dhab ahaantii, waa mid ballaaran oo ay waaxyaheedu si rasmi ah u kala durugsan yihiin, laakiin se ugu dambayntii waa goobada aadantinnimada ee beri hore aadanaha loo jeexay.

Negaanshuhu[1] waa asalka nolosha iyo jooharaddeeda[2] aanay socodka sannaduhu doorinayn.

Harsiga fikradda negaanshaha ayaa ay dadku ku yeesheen caadooyin negi oo ay kala dhaxlaan. In yar bay isbeddeshaa, jiilna uu jiilka kale u gudbiyaa ayadoo in yar doorsoontay, laakiin se guud ahaanteedu ay tahay mid leh sees negi iyo fahanno negi. Waa caadooyin la xiriira ninka, naagta, ilmaha, qoyska, bulshada, iyo nolosha.

---

1 In badan ayaan buugga ku adeegsanaynaa erayga 'Negi' oo ah eray cilmi ahaan lid ku ah aragtida Daarwin ee horumarka aadanaha. T

2 Jooharta waxay falsafaddu u taqaannaa wixii iskii u taagan halkaan se waxaa la ga wadaa shay walba wixii shay ahaantiisa lagu abuuray ee ah xaqiiqada jiritaankiisa. T

Waxaa dhex qulqulay xiska dadka in caadooyinkaani ay dhinac ahaan ku dhisan yihiin abuur-gudeedka aadannimada negi ee salka adag, sidoo kalana ay ku dhisan tahay doonista Alle iyo in ay ku qotonto diinta.

Diintuna waxay ahayd tiir adag oo ka mid ah udubyada ay caadooyinku ku dhisan yihiin. Erayga Eebbe uu dadka u jeediyay waa mid negi. Waa eray muqaddas ah oo ay waajib tahay in la ilaaliyo oo la xurmeeyo dhammaan jiilasha oo dhan.

Diintu waxay leedahay anshax sarreeya oo cayiman, in la dhawrana ay waajib tahay. Waa la arkaa in dadka qaarkood ay habdhaqankooda nololeed in yar ama in badan ay ka durkaan. Iskaba daaye in habdhaqankooda shaqsi ahaaneed ay [farriimaheeda] isdiidsiiyaan oo ay inkiraan ayaa dhacda. Mararka qaar in ay si cad uga hor yimaadaan ayaa dhacda. Sidaa oo ay tahayna mabda' ahaan waxay sii ahaadaan kuwo ay ilaalintoodu waajib tahay, oo kuwaa isdiidsiinayana ma inkiraan caddaymaheeda iyo suubbanaanteeda si walba oo ay ka hor imaanshahooda ugu sameeyaan cudurdaarro kala duwan.

Sidaa ayay diinta, akhlaaqda iyo caadooyinku ay u yihiin hal xarig iyo hal jiho. Sidaa ayay diinta, akhlaaqda iyo caadooyinka ay xiskooda ku ahaayeen arrimo negi oo aan waqtiga isla doorin, dhacdooyinkuna aanay waxba u geysan.

Sannadkii 1809-kii ayaa uu Daarwin dhashay. Sannadkii 1859-kii ayaa uu faafiyay buuggiisa "Asalka Noocyada"[3] sannadkii 1871-diina waxaa uu faafiyay buuggiisa "Asalka Aadanaha".[4]

Waxaa la jeexay diillin cad oo ka mid ah daliigaha taariikhda....

Xilligaa qarniyo ka hor ayaa ay Koobarniikoos[5] iyo Gaalliilo[6] ay isku dhaceen fikraddii kaniisadda reer Yurub ay ka haysatay koonka iyo halka uu dhulku kaga yaallo, qaabkiisa iyo wareeggiisa. Labada saynisyahan waxay dhadhamiyeen ciqaab iyo cadaab ay ku muteen mowqifkooda ka horjeeday fikirrada muqaddaska ah ee negi ee ay kaniisaddu ku dhegganayd ayna difaaci jirtay ayada oo u tixgelinaysa in ay tahay qeyb ka mid ah caqiidada iyo sees ka mid ah asaaska diinta.

Halkaa, waxaa biqlisay iniintii collaytinka sayniska iyo kaniisadda, saynisyahannadiina waxay bilaabeen in ay baaddariyada ka baydadaan.

Laakiin qarniyo ayaa gudbay ayada oo ay xaaladdu sidaa tahay, shacabweynuhuna ay ka safan yihiin dhinaca diinta iyo kaniisadda iyo safka akhlaaqda iyo caadooyinka.

Ilaa uu Daarwin soo baxay oo uu faafiyay aragtidiisa isbeddelka iyo aragtidiisa asalka noocyada iyo asalka aadanaha.

---

3 ON THE ORIGIN OF SPECIES. T

4 THE DESCENT OF MAN AND SELECTION IN RELATION TO SEX. T

5 Noolaa 1473-1543-dii, ahaana xisaabyahan iyo xiddigatiris, musaqaf aqoon ballaaran leh; reer Boolan ah. T

6 Noolaa 1564-1642, Xiddigatiris, Fiisikisyahan, ,musaqaf aqoon ballaaran leh; reer Talyaani ah.T

Halkaa ayaa uu dhulgiriir kaga dhacay caqiidada jir-riddeedii, fikirradiina seeskoodii.

Daarwin waxa uu yimid isaga oo leh: wax negi arlada dusheeda kuma ay sugna, haddii ay dhir tahay, haddii ay xayawaan tahay iyo haddii ay xoolo tahayba.

Ma jiro ujeed negi oo uunka laga leeyahay, iskaba daaye wax ujeeddo ah oo laga leeyahayba ma ay jirto.

Abuuraha- oo ah dabeecaddu, markiisii hore wax dan ah kama uusan lahayn abuuridda aaddanaha, ee wax-ay arrintu ku timid waa natiijo ka dhalatay hawlgalkii isbeddelka ee gaabiska ahaa ee qaatay malaayiin sano.

Aadanuhu bilowgiisii hore ma ahayn dad sida maan-ta uu yahay ah e, asalkiisu waa xayawaan.

Ma uusan hadli jirin, garaad ma lahayn, laba gumma-dood kuma taagnayn, sida caadigaana ma uusan lahayn sifadaa gaarka ah ee ay si-u-aragga diintu ay ku tilmaan-tay. Ruux ma uusan lahayn.

Xayawaan....

Aragtidiisii waxay gilgishay bulshada reer Yurub oo dhan, waxaana dhacay qiyaamihii kaniisadda.

Kaniisaddu waxay tiri: Daarwin waa gaal, Alle-kood. Daarwinna waxa uu yiri: Baaddariyadu waa ay asaas-aqeen.

Waxaa curatay colaad daran oo aanay kulkeedu damin ilaa ay rumayn badan duntay, ciiddana ay ka hoos martay.

Shacabweynuhu waxay bilowgii hore la safteen kani-isadda. Waxay garab istaageen caqiidadii agtooda ku weynayd xitaa haddii aysan ku dhaqmayn. Waxay u gar-biyeen caadooyinkii rooxaaniyadeed iyo kuwii fikireed.

Garabka dhaxalkoodii caqli iyo dareen. Dhinicii qabweynida shaqsiyeed. Qabweynidii asalka aadanaha ee uu Daarwin u diiday aadannimada ee uu raaciyay xayawaanka.

Laakiin mowqifkii shacabweynuhu mar dambe ayuu isbeddelay...

Haddii ay ku adkaatay in uu Daarwin ka siibo aadannimadeeda oo uu asalkooda u celiyay xayawaanka, waxay bilowday in ay caydo kaniisadda iyo baaddariyadii[7], waxayna u aragtay in ay heleen fursad ay kaga takhallusaan holaceeda hanfiyay iyo awooddeeda nacabka ah.

Casriyadii dhexe waxay kaniisaddu ahayd tu doorisay macnahaa ay lahayd naxariista buuxda iyo rooxaaniyaddii saafiga ahayd ee ay inoo sheegayso dabeecadda masiixiyaddu, waxayna u digarogatay awood adduunyo oo qaxar iyo dullayn miiran ah. Waxay ku dhaqaaqday in ay dadka ku waajibiso noocyo kala duwan oo cashuur ah. Cashuuro maaliyadeed, rooxaaniyeed iyo fikirba. Waxay ku waajibin jirtay cashuuro dhiigmiirid ah iyo macaashulmacaash duudkooda cuslaysay, waxayna ku khasbi jirtay in ay si dullaysan ugu hoggaansamaan wadaaddada diinta, waxayna ku soo rogi jirtay fikirro cayiman ayada oo ku sifaynaysa in ay tahay eray samada ka soo degay oo qofkii khilaafa uu noqonayo Alle-kood diint liddi ku ah.

Shacabweynihii waxaa u bidhaantay fursad ay kaga baxsan karaan dulmiga fooshan xun ee ku bursanaya jiif iyo joogba, wayna ka faa'idaysteen oo ayaga oo weerarka qeyb ka ah ayay dagaalkii galeen halkii ay awal

7 Wadaaddadii kirishtaanka. T

difaaca ku jireen. Waxay bilaabeen in ay kaniisadda ku tuuryeeyaan burburkeedii dhulka daadsanaa. Burburkii caqiidada, burburkii fikirka iyo burburkii arwaaxda.

Dabeecadda colaaddaasi siday doontaba ha ahaatee, waxay ka mid ahayd dagaallada lagu kala adkaaday ee taariikhda, waxay nolosha aadanaha uga tagtay natiijooyin aad halis u ah, daadkii ay Yurub ku harqisayna sidii ayaa uu ilaa iyo hadda khatarihiisii u qulqulinayaa.

Natiijooyinkeeda waxaa ugu horraysay dhulgariirkii ku dhacay rumaynta Alle iyo caqiidada.

Natiijadeeda labaadina waxay ahay ahayd gilgiladda iimaankii aadantinnimada iyo aadanaha, sarrayntiisii iyo kor ahaanshihiisa rooxaaniyadeed.

Natiijadeeda saddexaad waxay ahayd gilgilidda aamminsanaantii negaanshaha nidaam walba oo ka mid ah nidaamyada dunida ama qiime kasta oo ka mid ah qiyamka ama fikrad walba oo ka mid ah fikirrada dadka.

Afaraad, shanaad iyo lixaad.... Gilgilidda wax walba oo shalay dhidabbadu u aasnaayeen iyo burburinta dhisme kasta oo sees adag ku taagan.

Fikraddii oranaysay jiritaanka Eebbe abuure ah, maamule iyo doone ujeed leh ayaa markii ugu horraysay waxaa gilgilay Daarwin oo ka doodaya masalada abuuridda aadanaha, dafirayna in ay jirto dan abuuridda aadanaha laga lahaa, waxa uuna deedafeeyay in uu Alle aadanaha si toos ah gacantiisa ugu uumay, waxa uuna abuurtaa u tiiriyay hawlgalkii horumarka[8]. Waxa uu diiday in aadahana gudihiisa ay ku jirto wax uun lagu

8 Horumarka waxaan u adeegsanaynaa eraycilmiyeedka tadawur/evolution.

sheegi karo "ruuxdii uu Alle ku afuufay" oo waxa uu si kama dambays ah u guddoomiyay in aadanaha asalkiisu uu yahay xayawaan aan la tarrixin.

Dagaalkaa culus ee dareenkoodii iyo damiirkoodiiba haleelay ka dib ayaa ayaga oo halkaa ka ambaqaadaya, ay dadkii diinta ku dhaqmi jiray ay ku khasbanaadeen in haddiiba aan la hurayn ay Alle u rumeeyaan sidii fikrad dareen-gudeed oo aan maangal ahayn, waaqacana aan meelna ka soo galayn. Waaqaca aqooneed, waaqaca hawleed iyo waaqaca dhaqaale.. Eebbe ha noqdo fikrad dareen-gudeedka dharjisa, ruuxduna ay ku dabaalato cibroqaadashadeeda, laakiin-Eebbaa nuqsaan ka hufan e, yuusan soo faragashan hawsha abuurista, xeerarka dabeecada iyo geeddisocodka hawlaha arlada guudkeeda ka jira. Ama asagu-ugu badnaanba, waxa uu uumay koonka, waxa uuna dhex dhigay qawaaniintiisii iyo awoodihiisii, deetana wuu ka tegay si uu u horumaro, hadba sidii ay awooddiisa horumareed ay la gaarto, mar dambana ma uu soo faragashanayo natiijada iyo doonista middoodna.

Kuwa aan diinta ku dhaqmi jirin ee diinraacoodu uu ahaa dhayal ay caadadu ku xukuntay, awoodda kaniisadda iyo baaddariyaduna ay ku jajuubeen, wax-ay aragtida Daarwin ka heleen gabbaad ay diinta kaga gabbadaan iyo badbaado ka caymisa waajibaadkeedii iyo dabarradeedii. Markii ay ka hor timid mushkiladda ku timaadda caqliga rumeeyaha iyo ma-rumeeyaha ee mushkiladda abuurtii hore iyo unkamiddii nolosha arlada guudkeeda ka jirta ayaa ay Eebbe ka carareen oo ay u baxsadeen xaggii dabeecada oo uu Daarwin ka yiri:

wax kasta waa ay abuurtaa, awooddeeduna ma xaddidna. Dabeecadu waxay ayaga u ahayd Ilaah cusub oo ay caabudaan. Ilaah leh badi tilmaamaha Alle, marka laga reebo ujeedka iyo doonista. Waxaa intaa wehliya waa in uusan lahayn kaniisad dadka cashuur ka dabawadda, garaadkooda aan dhibaatooyin ku wareerinayn, xeerar dhaqan iyo usluubeedna aan ku soo rogayn. Haddaba waa Ilaah aan dadka ku khasbayn in ay isdaahiriyaan, addoommadiisuna waxay awoodaan in ay dabarradiisa ka baxsadaan.

Tani maahayn gilgilka keliya ee ku dhacay fikradii caqiidada.

Fikraddii horumarku waxay ku xididdaysatay fakarka dadka iyo dareenkooda gudeed, waxayna gashay booskii fikradda negaanshuhu ay awal ku jirtay.

Mar haddii wax walba ay horumar samaynayaan, wax walbana aanay sidooda ahaanayn-waa sida uu Daarwin yiriye, maxaa diidaya in horumarku uu gaaro fikradda Ilaahnimada lafteeda iyo fikradda caqiidada?

Iskaba daaye, caqiidada lafteedu si dhab ah ayaa ay weligeedba u horumaraysay...

Waxay aqoonyahanku ku baraarugeen daahfur ku cusub caalamka diinta. Masalada diintu ma aanay ahayn baadiyoobid walxo caabuditaan oo aakhirkii ku soo idlaatay caqiido saxan oo negi oo Alle dadka ku hanuuninaysa. Waxay ahayd fikrad horumar samaysay oo ku bilaabatay in Aabbe la caabudo, ka dibna Tootam[9]

9 Totem waa wax ay qabiiladu caabuddo, badanaana waxa uu noqdaa xayawaan cayiman oo ay qabiiladu aamminsan tahay in uu qof walba oo ka mid ah uu dhiiggeedu ku jiro. Way barakaystaan, ma gawracaan, mana dilaan mar ay munaasabad diini ah oo khaasa ay jirto mooyee, kolkaana

la caabudo, deetana sanam la caabudo, haddana Alle la caabudo oo la rumeeyo waxyiga iyo farriinta Alle. Berri... Ama maantaba fikraddu sal iyo baarba wax-ay samaynaysaa horumar, cibaadada Allana ma soo noqonayso. Tusaale ahaan ha noqoto dabeeco caabudis ama wax kale oo la caabudo. Amba inaan aslanba wax la caabudin!

Kan iyo kaaba ka sokow, waxaa samaysmay geeddi-socod maanraacnimo oo u janjeera inkiridda wax walba iyo inaan la rumayn wax aan la tijaabin ama aan daree-mayaasha lagu haleelin.

Waxay dadku ku sheekaysteen ama saynisyahanna-da ayaa bilowgii hore yiri oo shacabweynuhuna mar dambe ayaa ay ku raaceen e: waxaa aannu rumaysnayn waxyaalo badan oo aan awoowayaashayo ka dhaxal-nay, kaniisadda iyo wadaaddadeeduna ay afka noo geliyeen, hadda se waxaa sugnaatay in aanay wax sax ah ahayn. Waxaa sugnaatay in dhulku uusan ahayn bar-tamaha koonka (ee ay meerayaashu ku wareegaystaan), kaniisadduna sidaa ayaa ay nagu dhihi jirtay. Waxaa sugnaatay in dhulku yahay sida kubbadda oo kale, kani-isadduna waxay na dhihi jirtay: dhulku waa uu fidsan yahay. Waxaa sugnaatay in aadanuhu ay asal ahaan xay-awaan ka soojeedaan, kaniisadduna waxa ay na dhihi jirtay: Alle ayaa suuraddiisa ku uumay, abuurid xeeld-heer oo aan xiriir la lahayn wax ka horreeyay iyo wax ka dambeeyay toonna. Haddaba, aynu isaga harno wixii aan rumaysnayn oo dhan, illeen waa khuraafaad la isu

---

waxay cabbaan dhiiggiisa si dhiiggiisu uu mar kale xididdadooda u dhex qaado. Qabiilo kasta waxay leedahay tootam u gooniya.

keenaye. Aan hadda iyo kow ka bilowno. Caqiido hore la'aanteed. Fikir hore loo raacsanaa la'aantii. Aan bar eber ah ka bilowno. Yaynaan rumayn wax aan ka ahayn waxa ay indhaheennu arkaan, dareemayaasheennu ay gartaan iyo waxa aan tijaabinno. Aynu maskaxdeenna ka durjinno fikradda Alle ku saabsan iyo faragashigiisa abuurta ama doonistiisa. Aynu koonka baranno innaga oo Eebbe ka fog. Innagu Eebbe ma aynaan arkin. Ma aynaan arag sida uu koonka u faragashaday. Qofkii doonaya in uu Eebbe rumeeyo, khayaaligu madixiisa ha ugu jiro. Innaga waaqaca la nool miyaa? Ma aamminayno waxaysan dareemayaasheennu garan.

Sidaa ayay fikraddii diintu u gilgilatay.

Aadanuhu waxay waayeen aragti walba oo ay diintu huwisay: sarrayn, soocnaan, rooxaaniyad iyo akhlaaq oo ay giddigeedna ku dhisnayd in aadanuhu ay yihiin ruux uu Alle ayaga ku afuufay iyo ujeedkiisii abadiga ahaa ee uu abuurtooda ka lahaa, waana labada Daarwinraacyadu ay ku sheegeen in ay yihiin khuraafaad lagu xardhay sheekabaraleey. Waxay Daarwinraaciddu ka qaadday muqaddasnimadii uu ka dheegan jiray in aadanaha uu Alle ku uumay suuraddiisa, uuna si khaas ah ugu gooni yeelay tilmaamo soocan oo kala duwan. Waxay si gaar ah uga qaadday daahfurnaanta ruuxeed ee uu kaga sarreeyo xayawaanka kale oo dhan, waxa uuna dhinaca kale noqday ku laga madaxbannaysiiyay sharciyadii akhlaaqda, qawaaniintii bulshada iyo xeer-dhaqameedkii, maxaa yeelay? Waxa oo dhan waa negaadayaal bug ah oo aan lahayn wax ay ku taagan yihiin, kana beermay baadinnimo hore oo diinta laga keenay.

Wax walba waa ay horumarayaan, bulshaduna sidaa oo kale waa ay horumaraysaa... waxaa horumaraya nidaamkeeda, afkaarteeda iyo fahannadeeda.

Haddii ay akhlaaqdu berigii hore ahayd wax qurux badan, ayada oo laga duulayo fahankii soojireenka ahaa, isla markaana ay ahayd mid ku habboon marxalad cayiman oo horumarka (horumarka) ka mid ah, khasab ma aha in ay maantana tahay wax qurxoon iyo wax munaasab ah toonna-ileen bulshadu way horumartay e. Bulshadu ayada ayaa markii hore akhlaaqdaan samaysay e, Alle ma uu san samayn, caqiidaduna ma aysan samaynsi walba oo ay dadku ayaga oo aan wax ogayn ay arrinta ugu tiiriyeen Alle iyo caqiidada. Haddaba, bulshada ayaa ay u gaar tahay in ay arrintaa wax ka beddelaan ama ay sideeda u daayaan. Waxayna go'aamiyeen in ay arrinta wax ka beddelaan.

Haddii sida fahanka soojireenkaa uu qabo, uu qoysku waagii hore ahaa wax qurux badan, kuna habboon marxalad cayiman oo horumarka ka mid ah, khasab ma aha in fahamkaas uu maanta munaasab yahay, uuna qurxoon yahay...taa keliya maahee, xitaa khasab maaha in maanta uu qoys jiro...sida ay bulshoweyntu hore u qalad fahmeen, cidda qoyska samaysay Eebbe maaha e, baahiyaha bulshada ayaa keentay; Bulshadu maanta waa u xor in ay qoyska dhawraan ama ay baabb'iyaan, waxayna goosteen burburintiisa.

Haddii ay haweeynaydu berigii hore ahayd xaas iyo hooyo aanay wax kale u dheerayn, kama dhigna in ay tahay sees ka mid ah asaaska walxaha iyo mabda' negi oo aan doorsoomayn e, waxay ahayd fikrad bulsho oo ka dhalatay dhawr sababood...bulshadii awal fikraddaan ku meegaartay maageer ilaalin ah ee weliba huwisay muqaddasnimo been ah, kuna milay magaca Eebbe iyo diinta, waa bulshada maanta burburinaysa fikraddaan, kana qaadaysa diirkeedii beenta ahaa, maageer la'aan-na socodsiinaysa.

Haddii dhawrsanida jinsiyeed ay ahayd dhaqan muqaddas ah oo ka mid ah waxyaalaha berigii hore la weynayn jiray ee lama taabtaanka ahaa, kama dhigna in ay tahay qiime ka mid ah qiyamka negi ee gunta dheer ee nolosha aadanaha e, waxay sidaa ahayd waqti ka mid ah waayihii la soo maray, mana jiraan wax diidaya tin ilaa cirib in la horumariyo ama haddii ay bulshadu doonto in ay noqoto liidasho ay dadka ilbaxa ah ay ka baydadaan!

Sidaa ayaa ay fikraddii akhlaaqda iyo caadooyinkuna ay u gilgisheen.

Waxa gilgilashadeeda daran sii kordhiyay waa in teedka ugu weyn ee markii hore ka hor taagnaa in ay dheellido ee garbinayay rumaysnaanta Alle uu ahaa aamminidda sarraynta aadanaha iyo rooxaaniyaddii-sa iyo in laga xishoodo in loo soo daadego heerka xay-awaanka, ayada oo loo tixgeliyo in aadnuhu uu yahay uumiye xul ah oo soocan. Noloshiisa iyo hawlihiisa laguma qiyaaso xayawaanka, umana ay habboona in uu u hoggaansamo halkii ay abuurtu[10] u weecato. Daahaasi maanta waa uu faydmay...waa daahii aadantinnimada,

---

10 Qariisadiisa/instinct-giisa waxaan u adeegsan doonnaa abuurta. Ciddii eraybixin u haysana, waan uga mahadcelinaynaa. T

waxaana uu aadanuhu noqday ku isu yaqaanna in jirriddiisa xayawaannimo ay soojireen tahay. Haddaba, ma uu gaarsiisna heer sare oo uu ka soo hoobto...keliya, waxa uu abidkii ku jiraa marxalad u gudbinaysa marxalad kale...sarrayn iyo hoobasho kuma ay jiraan halbeegga xayawaanka.

Waxaa Daarwinraacnimada la dhashay fasirka maaddi iyo kan dhaqaale ee taariikhda. Fasirka maaddi ee taariikhdu waxa uu ugu horrayn leeyahay: taariikhda aadanuhu waa taariikhda goobitaanka quudka.

Waxa uu moogga labaad leeyahay: awoodaha maaddo ama awoodaha dhaqaale ayaa qaabeeya nolosha aadanaha, siisana sida ay u ekeeanayso, ayada ayaana curisa afkaarteeda, fahannadeeda iyo caqiidooyinkeeda...hadba heerka horumarkeeda, marka ay bulshadu marxalad uga gudubto tu kale oo ay ugu wacan tahay awoodda horumarka joogtada ah ee ay aadanaha ku khasbayso awood naftiisa ka baxsan oo aan doonistiisa shaqsiyadeed la xiriirin, nolosha muuqaalkeedii ayaa isbeddela, dareenka dadku waa uu doorsoomaa, fakarkooda, fahankooda iyo caqiidadooduba waa ay isbeddelaan. Waxaa si khasab ah oo aan wax laga qaban karin isubeddela wax kasta oo ay bulshadu haysato oo akhlaaq, caadooyin iyo dhaqanba leh, maxaa yeelay? Wax aadanuhu ay sameeyeen ma aha e, waxaa samaysay bay'adda maaddo ama awoodda dhaqaale[11].

11 Fasirka maaddigaa iyo kan dhaqaale ee taariikhdu waa walaalo ama

Waxa uu mar saddexaad leeyahay: heerarka ay aadanuhu isaga gudbaan asal ahaanba waa heerar lagu khasban yahay oo aan laga fursan karin, wax doorasho ahna aan lagu lahayn. Tusaale ahaan, waxay ka soo gudbeen ugaarsigii oo xoolodhaqato ayaa ay noqdeen, haddana beeralay, haddana warshadlay. Waxay tusaale ahaan ka gudubtay khuraafaad oo waxay qaateen diin, haddana saynis. Heer walba waxa uu lahaa caqiidooyin xaddidan oo ay bay'addu jaangoyso. Markii ay bulshadu xaalad ka gudubto oo ay tan ku xigta u tallowdo-waana guurid lagu khasban yahay e, si aan labalabayn lahayn ayuu sidaa oo kale u qaataa fahannada xaaladda cusub, fikirkeeda iyo caqiidooyinkeeda asaga oo aan wax doorasho ah ku lahayn.

Ugu dambayn waxa uu leeyahay-waana biyodhaca warkiisaa hore oo dhan e: fikirrada, dareennada, iyo caqiidooyinku ma aha kuwa dadka dhaqaajiya ama u jaangooya dhaqankooda hawleed ee waaqaca e, waxaa ay ka dabayimaadaan xaalad bulsheed walba ama xaalad dhaqaaleed kasta. Ma aha awood wax jihaysa, in ay sidaa noqoto ha joogtee xaalad qur ah kuma ay negaato oo weligeed isbeddel joogto ah ayaa ku dhaca.

Maarkis waxa uu leeyahay: waxsoosaarka bulsho ee ay dadku yeeshaan waxaa ka dhasha in ay samaystaan xiriirro xaddidan oo aanay ka maarmi karin. Doonistoodu waa ay ka baxsan tahay. Habka waxsoosaar ee

---

waa ilma adeer. Haddiiba farqi u dhexeeya uu jirana, waa uun in tafsiirka dhaqaale ee taariikhdu uu wax walba gacanta u gelinayo awoodda maaddo oo aan la kala soocayn, halka tafsiirka dhaqaale ee taariikhdu uu dooranayo muuqa dhaqaale ee awoodaha maaddada, uuna arrinta gacanta u gelinayo dhaqaalaha.

nolosha maaddiga ah ayaa xaddida suuradda ay yeelanayaan waxqabadyada bulsheed, siyaasadeed, iyo kuwa macnawi ahaaneed ee nolosha. Dareenka dadku ma aha midka cayima jiritaankooda e, jiritaankooda ayaa xaddida dareennadooda.

Farderik Anjalees[12] waxa uu leeyahay: Aragtida maaddigu waxa ay ka unkantaa mabda'aan: awoodda waxsoosaarka iyo waxa la socda ee isdhaafsiga badeecadu waa seeska uu nidaam bulsheed walba ku dhisan yahay. Sida aragtidaan ay qabto marka aan raacno waxaan helaynaa in sababaha kama dambaysta ah ee dhammaan isbeddeladda ama doorsoonka asaasiga ah aanay qummanayn in dadka baadigoobkooda xaqa iyo caddaaladda qadiimka ah laga dayo caqliga e, waa in laga baaro isbeddellada ku dhaca habka waxsoosaarka iyo isdhaafsiga alaabaha.

Halkaan kuma lafagurayno aragtiyahaas e, taariikhda ayaan isla daawanaynaa[13].

Fasirkaan maaddiyaynta taariikhdu waxa uu xoojiyay mowjaddii fasirka maaddo ee xoolaynta aadanaha.

Dadku baadigoob uguma jiraan xaqa iyo caddaaladda qadiimka ah e, waxa ay ku raadjoogaan waa raashin.

Caqiido ma leh, mabaadi' ma leh, qiyam ma leh, dareemmana ma leh. Waa xawayaan calooshii u shaqayste ah, waxaana dhaqdhaqaajiya cunto raadin.

Haddii uu xaq iyo caddaalad doono wax dheef ah ma

12 Faylasuuf Jarmal ah, qoraa iyo cilmibulshayahan noolaa qarnigii 19-aad, wadashaqaynna la lahaa Karl Marx, la na qoray 'Baaqa Shuuciyadda' 1848-kii. Wuxuu ahaa kii qeexay hantiwadaagga casriga ah.T

13 Cutubka xiga ee "xaqiiqooyin iyo beeno" ayaan ku falanqayn doonnaa aragtiyahaan.

leh. Dadku waxay ku xukuman yihiin xeerar lama dhaafaan ah oo ah maaddada iyo dhaqaalaha.

“dareenka dadku ma aha midka qaabeeya jiritaankooda e, jiritaankooda ayaa jaangooya dareenkooda’

Wax macne ah ma leh in ay dadku fikrad ku dhegaan ama ay caqiido rumaystaan. Waxaas oo dhan waa wax aan jirin. Giddi waa ismoodsiis. Waa khayaali aan cidna cayilinayn, gaajana aana wax ka tarayn. Waaqaca nolosha waxba kama uu beddelayo-waaqaca uu jaangooyo habka waxsoosaarku.

Diinta, akhlaaqda, iyo caadooyinku ma aha qiime iskood u taagan e, keliya waa muujiyayaasha xaaladda bulsheed iyo tan dhaqaale ee bulshada. Waxaa intaa ka sii daran oo ka muhiimsan waa in aysan ahayn wax negi. Way isbeddelaan mar walba oo ay hababka waxsoosaarku doorsoomaan. Waxaa taa ka sii culus oo ka sii muhiimsan waa in aadanaha laftiisu uu isbeddelo. Ma jirto walax negi oo la yiraahdo aadane. Ma jiraan ku abuuranayaal iyo riixayaal ku uuman. Aadanuhu waa muuqaal ka dhex muuqda bay’adda, keliya fahannadiisa, caqiidooyinkiisa iyo caadooyinkiisu sidaa ma aha e, abuurtiisa gudeed ee nafsiga ah ayaa ayaduna sidaa ah. Qeyb walba oo naftiisa ka mid ah way isbeddeli kartaa. Xiriirradiisa shaqsi, bulsho iyo tiisa jinsi. Lahaanshihiisa, guurka iyo qoyska. Wax walba.... wax walba waa suuragal in ay isbeddelaan. Ma jiro wax leh halbeeg lagu cabbiro oo aan ka ahayn heerka la falgelintaankiisa ee bay’adda... Sidaa darteedna halbeeg negiba ma uu jiro.

Mowjaddii darnayd ee ay kicisay aragtidii Daarwin weli ma aanay damin ama maba aanay gaarin tiiradeedii ugu shishaysay markii uu soo baxay Farooydh.

Farooydh waxa uu dhashay 1856-dii oo ka dhigan in uu Daarwin ka dambeeyay wax ku dhow nus qarni.

Marka meel la iska dhigo sida uu cilmigiisa daacad ugu ahaa ama uu Yuhuudnimadiisa[14] ugu barax tirnaa waxa uu si weyn ugu saamoobay aragtidii uu Daarwin aadanaha ka haystay, waxa uuna sida dhabta ah ahaa taageere xooggan oo ka saaciday dhanka daraasaadka nafsadeed iyo kasmonafeedda lafagurka ah.

Farooydh waxa uu la soo shir tegay in uu habdhaqanka dadka ku fasiro sees ka duulaya xayawaannimada aan kala sooca lahayn ee aadanaha taa oo aanay meelna ka soo galayn aadannimada dadka ama sarrayntooda iyo soocnidoodu. Waxa uu yimid asaga oo leh: jinsiga oo huwan macnihiisa xayawaannimo ee soocan, macnihiisa dareen shahwadeed, macnihiisa dhaqdhaqaaqa jirka iyo dareennada jirka ayaa ah dhaqaajiyaha koowaad iyo diraha asalka ah ee dadka.

Jinsiga ayaa wax walba ah, wax kastana jinsiga ayay ka soo burqadaan.

Ilmuhu waxa uu naaska hooyadii ku jaqaa macaansi jinsi ah. Waxa uu ku kaadiyaa oo uu ku saxaroodaa macaansi jinsi ah, murqihiisana waxa uu ku dhaqaajiyaa macaansi jinsi ah. Waxa uu hooyadii ugu mammanaadaa dareen jinsi ah, sida ay gabadha yarta ah aabbaheed si

14 Waxaad faahfaahinta ka eegta cutubka Farooydh ee kitaabka: Al-insaan bayn al-Maaddiyah wal-Islaam.

jinsi ah ugu la xiriirto. Dareenkaa jinsi ee hooyada ku aaddan (ama kan aabbaha ku aaddan ee gabadha yar) waxa uu la koraa ilmaha ilaa uu soo ifabaxo dabarka ugu horreeya ee noloshiisa oo ah dabarka Oodiib[15] (ama dabarka Elektara ee gabadha), waxaana ka dhasha loollan ilmuhu kula jiro caashaqiisa jinsi ee hooyada iyo haysashada jinsi ee aabbuhu hooyadii ku haysto (ama liddigeed markii la eego xaaladda gabadha) dabarkaani waxa uu ku sii dhegganaadaa nafsiyadda ilmaha oo waa ay caddibtaa ilaa uu si uun uga takhalluso... waxa uu uga takhallusaa mar inuu gubo dareenkiisa, mar kalana uu shaqsiyaddii abbihii huwado.

Kolka uu ilmuhu gubo dareekiisa jinsiyadeed ee uu hooyadii u qabo iyo marka maahsanaantiisu ay qaadanayso booskii aabbihii ee uu shaqsiyaddiisa huwanayo, waxa uu gudagalaa korriimo nafsadeed, waxa uuna bilaabaa in uu asagu masuul ka noqdo gubista dareennadiisa gudeed, waxa uuna naftiisa u yeeriyaa amarro falid ah iyo kuwo reebis ah oo uu ka soo nuugo bulshada ku hareeraysan, waxa uuna si tartiib tartiib ah u xakameeyaa habdhaqankiisa. Arrintaan waxa uu Farooydh ku tilmaamay: korriimada 'nafta sare' ama korriimada damiirka. Laakiin hawshaani sida uu leeyahay Farooydh waa halis xitaa ayada oo khasab u ah bisaylka nafsiyadeed ee ilmaha[16], maxaa yeelay gubidda

15 Kutirikuteen uu Farooydh ka soo xigtay sheekabaralay giriig ah oo wiilka hooyadi caashaqa ee aabbihi kahda ee ka masayra ee inta odaga dila hooyadi guursada ayaa ay giriiggu u bixiyeen, Farooydna ilmaha yaryar ayaa uu ku dabbaqay. Elektarana waa sideeda oo kale laakiin gabadha aabbaheed jeclaata ee hooyada ka masayrta ayaa ay khusaysaa. T

16 Waxa uu buugga: Three contributions to the sexual theory boggiisa 82 ku yiri: "sidaa ayaa uu aadanuhu ku helaa awood nafsadeed oo weyn oo ah

jinsiyadeed ee la socota guntinta Oodib waxay ka tagaan raadad dhibaya nafta aadanaha oo waxay hor istaagtaa tubta awooddii qulqulaysay, waxayna u unugtaa jidgooyooyin iyo dabarro gaarsiiya hallow nafsiyadeed, guntan jirrooyin iyo isbaraanbar neerfeed oo ugu dambaynta burburisa aadanaha.

Fasirkaan jinsiyeed ee hanbdhaqanka dadku ma aha tafsiir shaqsiga keliya ku eg, sidaa oo kale waa dhigta ay ku wareegayso nolosha bulsheed tan iyo bilowgii taariikhda aadanaha ilaa iyo maanta, waxayna kulminaysaa qofka, qoyska, qabiilka, reerka, kooxda iyo bulshada dhammaanteed, si la mid ah sida ay u kulminayso diinta, akhlaaqda, dhaqanka, fanka, fikirka, iyo falsafadda iyo dhammaan dhaqdhaqaaqyada aadanaha.

Daarwin waxa uu hore u yiri: Dunida Lo'da, waxay dibida yaryar damcaan in ay hooyadood ku boodaan, laakiin se aabbahooda[17] xaynta xukuma ayaa ka horjoogsada, deetana dagaal kulul ayaa ka dhex qarxa dhegacasta iyo aabbahooda shaybka[18] ah oo way isugu tagaan ilaa ay kow uga siiyaan. Ka dib ayaga ayaa isdirira si uu midiba hooyadii ugu keliyoobo, kuwa tabarta yar dagaalka ayay ku dhintaan ama way isaga dhex baxaan, waxaana meesha u hara hal dibi oo hooyadi la wareega, kooxda dhanna hoggaamiye u noqda.

Farooydh ayaa yimid asaga oo qisadaan ka werinaya Daarwin, laakiin se waxa uu ka soo raray dunidii xayawaanka, waxa uuna u soo raray dunidii dadka

---

diyaargarow nafsadeed oo ayaduna iskeed khatar u ah.'

17 Dibiga qoorka ah ee lo'da ku jir .Kor waxaan u daynay aabbahood si uusan macnaha loo socdo mugdi u gelin .T

18 Dibida duqowday

asaga oo sida aan soo sheegnayba ku saamoobay aragtida xayaawnnimada aadanaha, waxa uuna ka siibayay muqaddasnimadii ay kal hore huwisay keliinimadiisa iyo soocnaanta uu caalamka xayawaanka kaga duwan yahay.

Waxa uu yimid asaga oo leh: Waxaa aadanihii hore ku dhacay waxa ka dhaca dunida lo'da; dunida xoolaha.

Ilmuhu waxay hooyadii dhashay u qaadeen dareen jinsi, laakiin xakamaynta aabbaha ayaa ka horjoogsatay dareenkaan daran, deetana ilmihii waxay u tashadeen aabbahood si ay xakamayntiisa uga takhallusaan, ayna ula keli noqdaan hooyadood. Ilmihii wixii ay ku tashadeen waa ay fuliyeen.

Laakiin durbadii ay sameeyeen falkaas waa ay ka shallaayeen, waxaana saaqay dareenka dambiilannimo, sidaana waxay ku goosteen in ay sannadguurada aabbahoodii ay dileen ay weyneeyaan, tabtaa ayayna caabudidda aabbuhu ku bilaabatay.

Taa ka dibna waxay shaqsiyaddii aabbuhu ku milantay dareenkooda ku aaddan noocyada xayawaanka qaarkood-waana hawl nafsadeed uu Farooydh ku sheegayo in ay dabiici tahay e, waxay weyneeyeen xayawaannadaas, waxayna diideen dilkooda, sababtuna waa in ay ka kafaaro gudanayaan dilkii aabbahood iyo jacayl ay u qabaan weynaynta xuskiisa. Sidaa ayayna diinta Tootamiyadu[19] ay ku bilaabatay.

---

19 Totemism, waa diin ka dhalatay fikirro, xarfo wax u taagan, caadooyin-diimeed ku dhisan xiriirka u dhexeeya koox dad ah iyo maaddo dabiicadeed oo la dhaho tootam. Shimbir noqoyaa, xayawaan, dhir ama shay kale oo dabiici ah oo ay kooxdu aamminsan tahay in ay si uun ruuxi ah isugu xiran yihiin. T

Ka dib, waxa uu Farooydh leeyahay: Dhammaan diimihii yimid intaa ka dib waa uun isku day lagu xallinayo mushkiladdii lafteedii 'dareenkii ilmaha ee ku aaddanaa dambigoodii' waxayna ku kala duwanaadaan hadba heerka xadaaradda ay ka soo ifbaxaan iyo wadiiqooyinka lagu hirgelinayo, laakiin dhammaanteedba waxaa looga jeedaa hal shay oo ah: ka falcelinta isla dhacdadii weynayd ee ahayd dilka aabbaha ee ay xadaaraddu ka dhalatay, taas oo tan iyo maalinkii ay dhacday aan aadaaha uga tegin hal ilbiriqsi oo raaxo ah.

Taasi waa waxa uu diinta ka yiri.

Akhlaaqda se waxa uu ka leeyahay: akhlaaqdu waxay ku summadan tahay dabeecad kakanaan ah xataa heerkeeda dabiiciga ah ee caadiga ah'[20]

Xadaaraddana waxa uu kitaabkiisa [The Ego and The ID], bogga 85-aad kaga warramayaa: isku liqdaarnaanta ka dhex aloosan xadaaradda iyo korriimada xorta ah ee awoodda jinsiga.

Kutubtiisa kale dhammaantood ee dulmaryadaan degdegga ah aanay koobi karinna waxa uu ku soconayaa in uu nooc kasta oo dhaqdhaqaaqa aadanaha ah uu u celiyo asalka jinsi ee aragtidiisa, ka dibna waxa uu sharraxayaa is hardiga u dhexeeya dhammaan nidaamyada bulsho iyo wax uu ku magacaabayo korriimada xorta ah ee awoodda jinsiga.

Halkaan kuma falanqaynayno aragtiyaha e, taariikhda uun baan soo bandhigaynaa.

Mowjaddaan daran way fashay wixii ay fali lahayd, waxayna u faaftay sida uu dabku ugu fido xaabada.

---

20 Buugga 'Totem and Taboo' Bogga 154.

Way faaftay ayada oo duminaysa diinta, akhlaaqda iyo dhaqanka, wasakhaynaysana dhammaan dhaxalkii aadanaha.

Waa kan aadanihii asaga oo qaawan sida uu Farooydh sawirayo. Waxa uu ka qaawan yahay akhlaaq idilkeed, diin oo dhan iyo dareen walba oo nadiif ah. Hu'giisa qarinaya cawradiisa muuqata, tan nafeed iyo tiisa macnawiga ah, dhammaantood waa astur been ah oo aan matalin xaqiiqo iyo qiimo ka mid ah qiyamka mudan in la tixgeliyo. Waa gubid. Waa caqabado hortaagan korriimada xorta ah ee awoodda jinsiga; waa dabarro. Xaqiiqada keli ah ee mudan in la tixgeliyo; xaqiiqada keli ah ee wixii ka soo haray ay yihiin been iyo baaddil ay tahay in la tirtiro; xaqiiqadaani waa jinsi; waa xayawaanka qaawan.

Waxaa dhacay shay u eg wixii Daarwin hadda ka hor ku dhacay. Dadweynuhu bilowgii hore waxay Farooydh ka istaageen dhanka colaadinta, si daran ayayna u weerareen. Ilaa xad waxay la safatay caqiidada diineed ee soojireenka ah ee aan sida dhabta ahna gundheerayn, aan ahayn caqiido baraarug leh. Waxay kaloo la safatay akhlaaqdeedii soojireenka ahayd ee ayaduna sida dhabta ah aan ahayn caqiido ay dadku u rumaysan yihiin ku qanacsanaan iyo baraarug. Waxay si adag ula safatay sawirka aadannimo ee ay naftooda ka haystaan, ee ay ku faanaan, ee uu Farooydhna u yimid si uu u dhaawaco oo uu u wasakheeyo, uuna dusha uga malaaso quruxda xoolaha.

Laakiin, mowqifkii dadweynuhu intaa ka dib waa uu isbeddelay.

Gaar ahaan, dhallinyaradii waxay qaateen farriimihii Farooydh, wayna ku fara-adaygeen, waxayna ku faafiyeen daafaha oo dhan.

Farriimahaani waxay ahaayeen badbaado ay kaga cayntaan kakanaantii garbatabsiga diineed ee shaacsanayd xilligaa ka hor. Waa sax in aan dhaqannadaan si dhammaystiran loo dhawri jirin, laakiin se taasi ma aanay khafiifinayn sida ay nafta u saamaynaysay. Xaaladahaan oo kale muhiim ma aha-sida uu Farooydhba yiri asaga oo ka run sheegaya, in uu qofku noloshiisa waaqiciga ah ku fuliyo farriimahaan iyo in uusan fulin e, waxa ahmiyadda leh waa ilaa xaddiga uu [farriimahaan] dareemayo xaaladdiisa maahsanaanta iyo ilaa heerka ay u yeerinayso saxnaanta ama khaldanaanta waxa uu ku dhaqaaqayo.

Dhaqammadii diineed ee ka jiray Yurub waxay ahaayeen kuwa daran oo kakan, waxayna jinsiga u eegi jirtay wasakh qurmoon oo aanay ahayn in qalbiga nadiifka ah uu ku hambaaso, ciddii in ay saramarto doonaysana waxayna ka xaaraamaynaysay in ay ka sheekoodaan ama u dhawaadaan ama ay xitaa fogaan ku taabtaan. Sidaa ayaa dhallinyarada ay mushkiladda jinsigu maqshuuqlisay qayb weyn oo dareenkooda iyo fikirkooda ka mid ah ay ka heleen farriimaha Farooydh meel ay ku nafisaan oo ay ka ambaqaadaan iyo tiir adag oo xoojiya oo ay isaga difaacaan culaysyada diinta, akhlaaqda iyo dhaqanka. Waxa ay ka heleen tiir ka masaxa cambaarayntii gefka ee ay bulshadu kala hor imaan jireen, naftooduna ay gudahooda kala hor imaan jirtay. Taa beddelkeedana waxay siinaysay halkudheg kale oo soojiidasho iyo ka helidba leh: halkudhegga dhiirranaanta, xoroobidda, horukaca iyo halganka.

Sidaa si la mid ah ayay dadweynuhu, dhallinyaro iyo qayrkoodba, waxay uga heleen fursad u suuragelisa duminta dhinac ka mid ah haraadiga dhiskii kal hore ee taagnaa ee maanta gilgilnaya ee liicliicaya. Waa dhismaha kaniisaddii gacankuhaynta iyo xakamayntaba lahayd. Waa fursad ka xoraynaysa katiinaddii awal handadi jirtay, waxayna gunta hoose ee nafahooda ka dareemayeen in ay ku farxayaan oo ay ku wiirsanayaan mar walba oo ay dhaawacyadu sii cusleeyaan. Sheegashada aadannimadu ha qaaddo jidka sheydaanka haddiiba ay ciriirigelintu la socoto. Xoolannimaduna ha noqoto halkudhegga aadannimo haddiiba ay la jaanqaadayso ka fakashada dabarrada.

Kan ayaa lagu magacaabay fahanka waaqiciga ah ee dabeecadda aadanaha.

Farooydh kuma uusan gaabsan cilmibaarisaha nafeed iyo goobihii caafimaad ee kasmo-nafeedda, sida uusan Daarwinba ugu gaabsan cilmibaarisaha Bayaloojiga. Waxa taa ugu wacan waa in uu mid walba sida dhabta ah ka gudbay goobadii sayniska iyo baarista oo uu suurad cayiman ka bixiyay aadanaha, taa oo ku salaysan xoolannimada iyo maaddinnimada aadanaha.

Sida ay fikradihii Daarwin iyo aragtidii Horumarku ay ugu soo laba noqdeen diinta, akhlaaqda iyo dhaqanka ayay si la mid ahna fikaradihii jinsi ee Farooydhna ay mareegta lafteedii ugu soo noqdeen. Maya e, tan baa ka saamayn cuslayd oo ka galaangal badnayd maadaama ay akhlaaqda iyo dhaqanka si toos ah u taabanayso, weliba ay ku dedaalayso in ay xididdada u rujiso.

Farooydh ka dib, waxaa soo baxay aragtiyo fanka, suugaanta iyo fikirka la xiriira oo dhammaantoodba doonaya in ay jinsiga u soo bandhigaan in uu yahay dhigta ay ku wareegayso nolosha dadku iyo curiyaheeda keliga ah, si la mid ah sida ay u doonayaan in ay dabarrada akhlaaqeed iyo kuwa dhaqanba u sawiraan liidasho aan ku habboonayn in ay dadku ku dhaqmaan ama in ay tahay istustus uusan qofna gunta naftiisa ka rumaysnayn, sidaa darteedna ay habboon tahay in laga jeesto oo loo janjeersado waaqaca dhabta ah; dhab noqoshada xoolo qaawan.

Waxaa soo baxay sheekooyin, riwaayado, gabayo, sawirro, muusig, iyo saxaafad loo hawlgeliyay jinsiga. Waxaa loo shaqaalaysiiyay muujintiisa, muuqaalayntiisa, dadka lagu soo jeediyo, daaha laga faydo, yaxyaxa laga qaado, iyo in la isku boorriyo in si muuqata oo loo wada jeedo loo sameeyo.

In jinsiga lagu sameeyo qaab ka baxsan xayndaabka ay diimuhu u dhigeen maaha arrin aadanaha ku cusub, oo waxaa uu jiray tan iyo waagii bulsho aadane ay jirtay, laakiin se waxa Farooydh dabadii cusboonaaday waa in dadka loogu yeero in ay u sameeyaan si muuqata oo aan qajil lahayn, si xoolannimo ah oo aan astur lahayn, iyo in sharciyad la huwiyo wixii aan hore sharciyad u haysan ee qofkii samaynaya uu samayn jiray asaga oo digtoon oo indhaha dadka ka qarsanaya.

Suugaanyahanno- sida Dayfid Haarbeer Looransi, ayaa waxa ay ku takhasuseen wax ka qoridda jinsiga, akhrisataha in loo macaaneeyo, in dareenkiisa baraarug lagu mashquuliyo tafaasiishiisa hoose, in xeeldheeraanta faneed ee sarraysa looga faa'idaysto isugu yeeridda arrimaha jinsiga, iyo in xoolannimada ku duugan gudaha aadanaha loo sawiro in ay tahay aadanaha dhabta ah; keligi in uu yahay, wixii ka soo harayna ay baadil yihiin.

Tani waa suugaanta dhab ka hadalka, laakiin suugaanta jinsiga soocan ah, suugaanta hankeeda oo dhan ay tahay tilmaamidda ilbiriqsiga gogosha oo loo dhigo si kala dhigan iyo ku celinteeda, si faahfaahsan iyo ku celinteeda, waxay caalamka dhan ugu faaftay si xawli ah oo aan hore loo arag xagga badnaanta iyo faafitaanka, waxaana taa caawiyay koritaanka daabacaadda iyo awoodaheeda isa sii taraya.

Saxaafad dhan ayaa ku takhasustay u ololaynta arrimaha jinsiga, falkinteeda, naashnaashiddeeda, iyo in dhan walba laga faaqido. Mar dhinaca diinta iyo sida liidata ee uu uga hor imanayo waaqaca aadanaha. Mar dhinaca dhaqammada gurracan ee hortaagan jidka korriimada xorta ah ee awoodda jinsiga. Marna dhinaca akhlaaqda iyo faragashigeeda wax aanay habboonayn in ay faragashato ee ah xorriyadda dareenka iyo fulinteeda. Mar kalana sheekooyinka jinsi ee dareentaabadka ah. Mar dhinaca sawirrada qaawan, marna maadaynta jinsiyeed. Mar kalana dhanka soobandhigidda dhibaatooyinka caadifadeed iyo dhibaatooyinka bulsho. Iyo dhan walba oo ay suuragal tahay in uu ka soo hoos duso ruux walba oo doonaya in uu kidfo hu'ga muuqda iyo kan macnawiga ah ee ay aadanuhu cawrooyinkooda ku maareeyaan, oo uu markaana maalin caddeey soo bandhigo ayaga oo qaawan.

Muusiko dhan ayaa ku takhasustay kicinta jinsiga iyo in qaabab kala duwan loo dhigo, ayadoo keligeed ah ama lagu laray hees iyo jaas. Waxa lagu muujinayaa qaylada naasiyiinta sida laxanka jaaska oo kale, ama isqalqalloocin talaxtag ah sida laxannada jaaska qaarkood ama iswalaaqid loo jeedo oo isu muuqata sida qaarkeeda kale.

Dhammaan intani waa masraxyadda casriga ah iyo golayaasha nadiifka ah. Masraxyada jinsiga soocan ah iyo golayaasha xayawaannimo ee baraxatiran, waxaa ka jira noocyo heeso, jaas iyo muusig ah oo aan u baahnayn in la suureeyo.

Waxaa jira fan u gaar noqday diraasaynta jirka oo aan ahayn qaabkii Giriiggi Hore-ee ayagaa oo bilaa xakame ahaaa oo sanamyo caabud ahaa, quruxda jirka uun baadigoobi jiray, Waxay adeegsanaysaa tubtii Farooydh. Tubtii soo bandhigaysay jinsiga jirka, asaga oo qaawanna indhaha daaha uga faydi jirtay, maxaa yeelay? Asaga ayaa ah xaqiiqada aadanaha.

Intaa oo dhan waxaa ka daba yimid shaneemada, waxayna noqotay duqayntii lagu riiqmay.

Shaneemadu tan iyo markii ay curatay waxay ahayd fanka dadweynaha. Dadweynaha aan suugaanta akhrin, aan haysan lacag ay masraxa ku tagaan, fursadna aan loo siinayn in ay jaasaan ayada oo ay la socoto hees iyo muusiko, jaanisna aan u helayn in ay xafladaha tagaan iyo in ay daawaadan looxadaha farshaxangacmeedka. Dadweynahani waxay fahmayaan shaneemada, ayaga oo ku mamman oo waalan ayayna aadayaan.

Dhalashadii cilmiyeed ee shaneemada iyo filimku waxay ahaayeen waagii Farooydh, waxayna dhalatay ayadoo jinsiga ku wasakhaysan. Sidaa oo tahay, sida shay walba oo kale ayay tartiib tartiib u kortay, oo ay ka ambaqaaday filin fikrad xambaarsan oo uu jinsi yar wehliyo, waxayna u gudubtay filimmo u badan jinsi oo ay fikrad yar wehliso, waxayna uga sii tallowday filin aan jinsi mooyee wax kale sidin sida filimmada fantaasiyada.

Shaneemada iyo awoodaheeda faneed ee sooca ah waxay dadweynaha ku noqotay fidno. Sida dhabta ah waa xayn fan ah oo la isku habeeyay oo isgarbinaya. Fanka sheekada, fanka masraxa, fanka sawirka, fanka muusikada, iyo fanka heesta oo dhammaantood la kulmiyay, ayna barbar socoto suuragaliyaayasha aqooneed ee cajilka hadlaya ee la duubay-ee dhawaan la jilay, muuqaalkiisa u ekaysiinaya nolosha caadigaa.

Sidaa ayay saamaynta shaneemada ee furfuridda akhlaaqda iyo dhaqanku ay u noqotay mid ka daran wixii ka horreeyay oo dhan ee lahaa: joornaallo, idaacado iyo fanba, maxaay yeelay? waxay sida dhabta ah siddaa waaqicii jinsi oo la jilay, waxayna u soo bandhigtay qaab qaawanaan ah oo durba gudbaysa oo saamaynteedu daran tahay.

Markii shaneemada jinsiga ah lagu daro masraxa jinsiga ah, qisada jinsiga ah, muusikada jinsiga ah, warbaahinta qaawan, fikirrada qaawan, farriimaha diyaarsan ee la isugu wacanayo duminta diinta, akhlaaqda iyo dhaqanka, waxay dhashay jiilal aan laf ahaantooda u rumaysanayn xaqiiqo aan ka ahayn xaqiiqada jinsiga, wax dhib ahna aan u arag qaawinta xoolannimada ku duugan aadanaha, qaawin muuq ah iyo mid macnawi ah, qaawin dareenka iyo habdhaqanka ah, qaawin guriga iyo jidka ah, qaawin erayga, ficilka, socodka, fadhiga, iyo eegmada ah; Xoolo qaawan ah.

Wax yar ka hor xilligaas, intii lagu jiray iyo ka dibba, kacdoonkii warshadaha ee Yurub waxa uu watay hawshiisii uu ku duminayay akhlaaqda iyo caadooyinka.

Kacdoonkii warshadeed ee Ingiriiska waxaa taariikh ahaan lagu xaddidaa intii u dhexaysay 1760-kii ilaa 1830-kii, laakiin se jaangooyadaani waa iska is-afagarasho tusinaysa xilligii laga wareegay ku shaqaynta aalado gacmeedka ee loo wareegay aaladaha uumiga ku shaqeeya. Laakiin dhaqdhaqaaqa bulsho iyo kan nafsadeed ee dhalisay kacaanka warshadeed sida xaalku keenayaba kuma aanay joogsan 1830-kii e, sida dhabta ah kolkaa ayayba bilaabeen in ay dhidibbada sii aastaan.

Yurub inteeda kale waxa uu kacaanka warshaduhu ka bilowday xilligaa ka dib, hirarkiisuna waxa uu hadba u gudbayay dalba dal uu ka dambeeyo, ayada oo muuqa isaga eg ilaa ay dadka qaar ismoodsiiyeen in ay tahay xaalad guud oo isgarbinaysa oo iswaafaqsan, sidaa darteed ayayna rumaysteen waxa uu qabo fasirka taariikheed ee maaddada ku salaysan.

Xilliyadii dhexe waxay Yurub ku noolayd harka Dhulugoynta[21]. Dhulugoyntaani waa ay sii jirtay ayada oo ay weheliso mugdigii Yurub ku habsaday casriyadii mugdiga ilaa ay soo miyirsatay casrigii hinqashada iyo dhaqdhaqaaqii soo noolaynta.

Dhulugoyntii waa ay burburtay xilligii kacdoonkii beeralayda ee ay ka yaaceen dhulkii ay ku dabraanyeen ee aanay awoodin in ay ka baxaan, wax xorriyad ah aanay ku haysan, aanay lahaynna hal calaamad oo ka mid ah calaamadaha aadannimada hormarsan ama aan hormarsanayn. Addoommada iyo xooluhu waa ay sinnaayeen ama waxaaba laga yaabaa in xayawaanka la karaameeyo si uu u noolaado oo uu u shaqeeyo, halka aan addoommada la sharfi jirin.

Laakiin nolosha Yurub si buuxda isuma aanay beddelin jeer oo ay u wareegtay warshadaha.

Intaa ka hor-xilligii kacdoonka beeralayda, waxay dadkii dhulka lahaa ku khasbanaadeen in ay addoonnimada ka xoreeyaaan, laakiin se taa oo jirta ayay weli ka sii shaqaynayeen dhulkii ayaga oo aanay noloshooda wax saa u weyn aanay iska beddelin. Maxaa yeelay, sida dhabta ah naftooda wax yar ma ahee waxba kama aanay beddelin. Muuqaalkii addoonnimo wuu isbeddelay,

---

21 Al-Iqdaac ama Feudalism oo aan u adeegsan doonno erayga 'dhulugoynta,' waa nidaam bulsheed siyaalo kala duwan dunida loo ga adeegsaday, casriyadii dhexe ee uu halkaanna ugu jiro waxa uu ka dhignaa in laandheerayaasha la siiyo dhul uu boqorku uga beddelanayo hawlo ciidan oo ay u qabanayaan, laandheerayaashaasina beeralayda oo addoomo u ah ayaa ay ku shaqaysan jireen. Si guudna waxaa eraygaan loo adeegsadaa xiriirka u dhexeeya madaxda iyo shacabkooda oo aanay beeralaydu ku jirin, waxaana kuwaan dambe badanaa loo adeegsadaa dhulugoynta duddada 'Feudal estate.'T

laakiin xaqiiqadiisii waxay ku hartay gudaha nafahood-ii.

Laakiin markii kacdoonkii warshaduhu curtay, xaalku salka ayuu iska beddelay-ugu yaraan sida arrimuhu u muuqdeen[22].

Warshaduhu waxay ka curteen magaalooyinka, waxayna u baahdeen shaqaale. Magaalooyinka gabi ahaanba ma aanay joogin wax haqabtira baahiyaha warshadaha kacaamay, waxanaa laga maarmi waayay in ay baahidooda baaddiyaha ka keensadaan.

Waa ay yimaadeen reer baaddiyihii dhulka laga qaaday, isla markaana laga siibay qoolkii dhulugoynta. Waa ay yimaadeen ayaga oo cagta soo dhigay magaalada, kana badbaaday jeedalkii sayidka, kagana magangalay katiinadihii dabaqoodhinnimada, rafaadka daalkii aan miradhalka ahayn iyo dedaalkii xoolo la'aanta ahaa. Waxa ay dareemeen-ugu yaraan in muddo ah, dhadhanka xorriyadda iyo macaanka xoroobidda[23]. Waxaa xiskooda ku beermay farqiga u dhexeeya dunida baaddiyaha iyo tan magaalada.

Dunida baaddiyuhu waa dulliga, dabaqoodhinnimada, addoonnimada. Dunida magaaladuna waa ka xoroobidda katiinadaha.

Nafaha shaqaaluhu ma aanay xambaarsanayn xeer

---

22 Shuuciyaddu waxay leedahay: addoonnimadii waxay sida dhabta ah ka soo wareegtay addoonnimadii dhulka, waxayna u soo wareegtay addoonnimada raasmaalka, laakiin se ma aanay xoroobin.

23 Dareenkaani in badan ma sii waarin, durba waxay shaqaaluhu is arkeen in ay ku dhaceen dabin ka foolxun katiinadaha kuwii dhulka. Sidaa oo ay tahay u oogganaanta loollanka iyo xornimo jacaylku waxay qulqulaysay dhiiggooda, u oogganaantaasina waa tan saamaysay isbeddelka xaaladeed.

maangal ah oo ku yiraahda: nolosha baaddiyuhu waxay leedahay macnayaal qurxoon oo ay sii qaadashadeedu u fiican tahay ama caqiidooyin sarreeya oo magaalada ka anfacaya ama xiriirro aadane oo aanay fiicanayn in ay ka tagaan xilliga ay ka baxayaan tuulada ama aanay habboonayn in ay gadaashooda ka tuuraan xilliga ay iska rogayaan addoonnimada, addoonsiga, iyo wax la'aanta dullaysay.

May! Nafahoodu maa aanay haysan xeerkaan maangalka ah ee u kala caddayanaya waxa u fiican iyo waxa aan u roonayn. Waxay se ahayd, keliya dhaqdhaqaaq dareen laablakac ah oo doonayay xornimo. Hammigeeda oo dhan waxa uu ahaa in ay wax walba gadaal u tuurto oo ay wax kasta burburiso si ay u dareento dhalashada nolol cusub.

Ka ba soo qaad in ay maanka u gardhiibatay oo ay halbeeggaa qabsatay, maxaa uga harsanaa kheyrka xaqa ah oo ay ilaaliso oo ay u dirirto ayada oo heerkaa ay gaartay ka dullisan duunyada la dhaqdo, kana hoosaysa xoolaha?

Diidnay! Tuuladu jaxiima ha aaddo, shaqaaluhuna magaalada ha ku noolaadaan ayagoo xor ka ah dabarrada; dhammaan dabarrada!

Tani waa mid ama tan ayaaba seeskii ah.

Shaqaalihii waxay tuulooyin kala geddisan ka yimaadeen ayaga oo keli keli ah, xitaa haddii ay ka yimaadaan hal tuulo waa kooxo kala firiqsan oo aanay isku xirayn shaqo midaysa, guri mid ah iyo wax lagu mashquulo oo ka dhexeeya ilaa iyo hadda.

Baaddiyaha way isku yaqaanneen, waxayna wadaageen qaraabannimo dhab ah oo ah qaraabada dhiigga ama qaraabada abtirsiga ama ugu yaraan qaraabada is-aqoonta iyo derisnimada.

Ruux walba waxa uu dareemay in xiriirradii kal hore ku xirnaa ay si lamafilaan ah u go'een. Caadooyinkii uu awal u hoggaansanaa ee uu ilaalin jiray-badanaana caqiido ma aanay ahayn e qaryrkii ayuu ka qajili jiray, wax maanta in lagu dhaqmo kallifaya ma jiraan. Yaa meeshaan ka garanaya? Yaa arrimihiisa danaynaya? Ama ku xisaabinaya haddii uu caadada khilaafo?

Ha fakado, halkaan xisaabi kama jirtee.

Tanina waa mid.

Shaqaaluhu waxay bilowgii hore yimaadeen ayaga oo keligood ah oo aan wadan qoys iyo xaasas toonna.

Ilaa waqtigaan nolosha magaaladu aammin ma aha si uu qof shaqaale ah u soo wato qoyskiisa oo uu magaalada ula soo guuro. Waa tijaabo cusub oo ay khataro ku gedaaman yihiin, in ay guulaysato iyo in ay fashilantaba leh. Sida qummani waa in qofka shaqaalaha ah keligii uu safro, markii arrimuhu isugu toosaanna qoyskiisu ha ka daba yimaadaan.

Badanaa waa keligii oo xilliga dhallinyarannimada ku jira. Bilowgii hore shaqada warshadaha waxaa kari karay dadka xoogga leh uun, dadka warshadaha lehna ma aanay aqbali jirin qof aan xoog lahayn.

Waa keligii oo ku jira xilligii dhallinyarannimada, dabar celiyana aan lahayn. Akhlaaqda, diinta, damiirka, iyo caadooyinkiiba maalintii uu magaalada u soo baxsaday ayaa uu tuulada uga soo kacay. Magaaladana kama uusan helin wax ka yurayn lahaa ee baaddiyaha ka jiray:

baqdingeliyaha ah in uu qayrkii ka qajilo.

Waa keligi oo da'dii dhallinyarrnimo ku jira, dabarrana aanay ku xirnayn, hareerahana dareenkiciyayaal ay ka jiraan.

Tan iyo waa hore waxaa magaalada ka jira dhillaysiga oo kolna qarsoon, kolna muuqda. Laakiin weligeedbba waa uu ka jiraa.

Dhallinyaradu xilligii aysan ka haqabtiran baahidoodii jinsi oo ay ka fogaayeen qoyskooda ayaa ay dhumbadeen qurunkii baahiyaha nafta.

Shaqaaluhu waxay bilowgii moodeen in ay tahay wax aan la hurayn, ka dibna caado ayaa ay noqotay.

Ka dib markii ay ku xasileen noloshoodii, qoysaskoodiina ay u cid dirsadeen in ay magaalada uga daba yimaadaan ama ay degaankooda cusub ka samaysteen qoysas cusub, taasi kama aanay takhallusin baahidii markii hore taagnayd e, waxay noqotay mid u joogta jiilasha cusub oo u arkay wadiiqo sahlan oo ay uga takhallusi karaan culayska jinsiga ayada oo masuuliyad loo raacanayo aanay jirin.

Waxaa samaysmay dhillaysigii oo noocyo kala duwan leh oo ka bilaabanaya saaxiibtinnimo keli ah ilaa laga gaaro in jirka laga iibiyo ciddii u baahanba. Waxa ay noqotay caadada cusub ee magaalada. Caadada la baxnaaninayo ee uu qaanuunkuna waardiyaynayo.

Waxaana kan lagu magacaabay in uu yahay horumarka la jaanqaadaya waaqaca ee aan khayaaliga la noolayn.

Saamaynta kacdoonka warshaduhu uu ku yeeshay kala furfurka xiriirrada iyo baabbi'inta akhlaadu intaa kuma aanay joogsan.

Shaqaalihii kal hore ku fraxsanaa in ay magaalo yimaadeen waxay ku kacdoomeen milkiilayaashii warshadaha ee sida ugu fooshaxun ugu xammaashay, kuna mashquuliyay shaqooyin rafaad badan oo toban saac ama laba iyo toban saac ah ama afar iyo toban saac mararka qaar noqonaysay, waxayna ugu shaqaynayeen joornaato yar oo aan nolol fiican ugu filnayn, masuuliyadaha shaqeeyaha duudka u saaranna aan kafaynayn.

Kolkaa ayay dadkii warshadaha lahaa goosteen in ay shaqaalaha dhagraan oo ay dumar shaqaalaysiiyeen. Waxay ku shaqaalaysiiyeen isla saacidihii oo kale se, ka mushahar yar.

Shaqaalaysiintii dumarku waxay nolosha Yurub ku keentay laba dhacdo oo waawayn.

Tan koowaad: waxaa furfurmay xariggii qoyska ee ay kal hore gacanta ku haysay haweenayda oo ah xaaska iyo hooyada, joogtitaankeeda, dheddignimadeeda, iyo firfircoonideedana ku huwin jirtay wax dacallada qoyska isu uruuriya, sifo nololeedna siiya. Haweenayda ku shaqaynaysa duruufahaa foosha xun ee ka qaadaysa dhammaan waqtigii iyo dedaalkii miradhalka ahayd, ma aanay awoodi karin in ay gurigeeda siiso wax uun ilaalin ah haddii ay xitaa dooni lahayd oo ay u hiloobi lahayd.

Tan labaad: waxa uu halleeyay akhlaaqdii dumarka, sababo badan awgeed.

Nidaamka reer Yurub kolkii hore haweenka ma uusan siin jirin tixgelin ama ma uusan oggolayn in uu siiyo xuquuq shacab ama tu dhaqaale.

In ay wax yeelato xaq uma aanay lahayn, in ay wax-barato xaq uma aanay lahayn, in ay talo dhiibato ama ay hawl ka qaybgasho xaq uma aanay lahayn. Waxay ahayd dayacan nin daba gale u ah; dabagalnimo ka dhalatay baahida ay u qabto: cunnada, hu'ga, hoyga, iyo jinsiga. Dabagalid aan wadaagis lahayn. Dabagalis aan dan ka lahayn dareennada aadannimo, wax tixgelin ahna aan siinayn qofnimada. Dabagalnimadaas ayaa ku khasbay-say in ay ku dhegganaato sharafta ay u guddoomiso bul-shadu-oo ah ninka, ee ma aanay ahayn caqiido nool oo uu wacyigeedu xambaarsan yahay e, waxay ahayd gar-batabsi keliya.

Marka ay haweenaydii shaqo gashay ee ay wax tab-catay ayay dareentay in teedkii ku gudbanaa uu dumay.

Maxay maanta nin u haysaa?

Muxuu ku addoonsanayaa?

Ma baahi lacageed? Ayada ayaa nolosheeda tabcata oo dabagalnimadii ka takhllustay.

Ma baahi jinsi? Haa, laakiin ayada ayaa gacanteeda ku keensanaysa, oo waxay nafteeda siinaysaa ciddii ay ayadu doorato.

Sidaa ayaa ay dareenkeedii isugu lartay xornimada dhaqaale iyo xornimada jinsiyeed oo ah ka baxsashada dabarrada diinta, akhlaaqda iyo dhaqanka, farxadgariir-keedii xorriyaddana waxay ku dareentay in dabarla'aan-ta jinsiyeedna ay sidoo kale tahay guul cusub.

Kanna waxa lagu magacaabay: horumarkii dumarka katiinadaha ka xoreeyay.

Kacdoonkii warshaduhu waa uu sii socday isaga oo cagta mariyay wax walba oo jidkiisa ku beegnaa.

Duruufaha aan ka soo sheekaynay kal hore keligood ma aanay ahayn waxa saameeyay qaabdhismeedka bulshada ee isbeddelkaas keenay.

Cabashooyinkii shaqaalaha ayaa laftoodu waxay keeneen horumar siyaasadeed farabadan. Sidaa oo kale waxay dhalisay dabaqad dhexe oo ah shaqaalaha warshadaha iyo dawladda oo ku nool magaalada, tirsanayana xaqdarro, kuna dhiirranaysa hoggaanka.

Kooxdaan iyo kuwaas sida ay duruuftoodu keenayso, waxa ay ka baydadsanaayeen katiinadaha, waxayna doonayeen in ay jabiyaan.

Waxay doonayeen in ay iska jabiyaan jajuubka lagu hayo, haddii ay noqon lahayd xagga dowladda ama xagga warshadaha iyo maalgashadayaasha.

Waxay doonayeen in ay helaan xuquuq cusub, xornimo ay xornimo ka dambayso iyo nidaam cusub.

Waxay dareemayeen in culaysyada dhammaan-culaysyada shaqo, ay duudka u saaran yihiin ayaga oo aanay beddelkeeda wax xuquuq ah lahayn. Midkoodna kuma uu fariisanayo kuraasta xukunka ee ku kooban dabaqadda loodka sare iyo kuwa dhaxlay ee hantigoosadka ah. Baarlmaanka xeerarka dejiya wax cod ah kuma ay laha, kaba daran e, inta badan xaq codayn xitaa ma ay laha. Sidaa oo kale ma ay laha xaq ay ku abaabushaan iskaashatooyin iyo midow danahooda ka shaqeeya, oo ay ugu babacdhigaan dabaqadaha ka sarreeya. Inta badan looma kafaalo qaadi jirin xorriyadda isu-imaatinka, xorriyadda hadaljeedinta, xorriyadda aragtidhiibashada, iyo xorriyadda qaaddicidda. Sidaa oo kale marka ay dawladdu dabagal ku samayso looma kafaalo qaadi jirin damaanadda baaritaannada, damaanadda maxkamadaynta iyo damaanadda fulinta xukunka.

Sidaa darteed ayuu loollankoodu ahaa mid daran oo ay ku dhacsanayaan xuquuqdaan.

Loollankaan dhiiggu ku daatay ama u eg mid dhiig ku daatay ma uusan lahayn xeer maangal ah oo oranaya: Anigu dulmi baan ka xoroobayaa, waxaan ka xoroobayaa gacankuhaynta qooqaaga sayidka ama kan dawladda. Laakiin waxaan ilaalshanayaa dabarrada aadanaha aan looga maarmin ee la'aanteed uu aadanuhu noqonayo sida xoolaha oo kale. Waxaan ilaashanayaa caqiiqada. Waxaan ilaashanayaa akhlaaqda. Waxaan ilaashanayaa dhaqanka. Maxaa yeelay intaani ka mid ma aha loollanka aan kula jiro dawladda iyo milkiilayaasha warshadaha iyo hantiilayaasha. Anigu dulmiga ayaan ku kacdoomayaaye, aadannimada ka ma kacdoomayo.

Maya! Xeerkaa maangalka ah laguma hayn kalareebtii uu ka socday loollanka quudka iyo qiyam dhuleed barax la' oo aan wax xiriir ah la lahayn himilada sare iyo akhlaaqda.

Marka laga eego xagasha aynu cutubkaan ka eegayno, waxaas oo dhan waxaa ka muhiimsan waa in dhigta uu ku wareegayo loollankaan xornimada u hanqaltaagaya iyo barta ay ku wareegayso falsafadda hantigoosadka ee casrigaas oo dhan ay ahayd in qofku ka xoroobo gacankuhaynta iyo xaqa uu u leeyahay in uu falo wixii uu doono asaga oo aan yaxyaxayn.

Hantigoosadku waxay ku dhawaaqayeen xaqa ay u leeyihiin in ay hantidooda u dheefsadaan sidii ay u arkaan in ay u fiican tahay ee la qumman, weedhoodii caanka ahayd ee daa ha shaqeeyee 'Laissez Faire' ama daa waxa uu doono ha falee ayaa qeexaysa halkii ay u janjeereen. Shacabkuna waxay kor ugu qaylinayeen xaqa ay u leeyihiin in ay falaan wixii ay doonaan iyo xaqa ay u leeyihiin in ay qaataan aragtida ay doonaan, jidkii ay doonaan ay u qaadaan si ay aragtidoodaan u muujiyaan ayaga oo aanay cidina xaq u lahayn in ay ka yaxyaxiso ama ay ka hor istaagto waxa ay rabaan.

Halkaas ayaa ay mufakiriintuna ka ambaqaadeen dhawaqoodii ilxaadnimo, xorriyadda in aan wax akhlaaq ah lagu dhaqmin iyo xorriyadda burburinta dhaqannada.

Xoroobiddii siyaasadeed waddada ayaa ay cagta saartay ayada oo ay wehliyaan in si buuxda loogo xoroobo dabarrada, waqtiga laftiisuna waxa uu ku afuufayay dacwadii Daarwin iyo Forooyd iyo fasirka maaddi ee taariikhda.

Kanna waxaa lagu magacaabay dhalashada cusub ee xadaaradda Yurub.

Sidaa ayaa ay xaaladdu ahayd markii uu qarxay dagaalkii koowaad ee dunidu 1914-kii.

Dagaalku waxa uu ahaa giriir daran oo caalamka dhammaan ku riday wax dayow u eg, waxayna ku dhalisay gedgeddoon korukac iyo hoosudhacba leh, waxayna doorisay wax badan oo qiyamka iyo aragtiyaha ah.

Sidaa oo ay tahayna qofkii isu eega waqtigaan wixii ka horreeyay iyo wixii ka dambeeyayba waxa uu ogaanayaa in dagaalku uusan gaysan wax aan ka ahayn in uu awoodihii horumaray uu isu keenay oo qofku marka uu si lama filaan ah ku arko ula muuqanaysa in ay tahay awoodo cusub oo aan hore u jirin.

Natiijooyinkii dagaalka waxyaabaha ugu foosha xumaa ee ugu khatarsanaa waxay ahayd in goobaha dagaalka lagu dilay ku dhawaad toban milayn oo ah dhallinyaradii Yurub iyo Maraykan, oo aanay ku jirin wixii lagu dilay duqaymihii cirka ee loo gaystay magaalooyinka ee lahaa rag, dumar iyo cayaalba.

Waxaa taa ka dhashay xayn natiijooyin ah oo halis ah.

Malaayiin qoys ayaa dagaalku markuu dhamamaday is arkay in ay waayeen ciddii masuulka ka ahayd, waxay isugu jireen kuwo masuulkoodii dagaalka lagu dilay ama waxaa soo gaaray dhaawac shaqada ka naafeeyay ama ba uu maskax iyo neerfayaalba beelay oo ay sababeen natiijada qaabnololeedkii joogtada u ahaa dhufaysyada iyo weerarradii sumaysnaa, gaaskii qurgooyada ahaa iyo filashadii halaagsamidda ee joogtada ahayd.

Tani waa dhinac.

Dhinac kalana, dhallinyaradii ka soo caymatay ee awoodday in ay shaqaystaan diyaar uma ayasan ahayn in ay guursadaan oo ay qoys kafaalo qaadaan. Noloshii wax la'aanta ahayd ee afartii sano ee buurada ahayd ay ku qaateen dagaalka, naftooda ugama aanay tegin wax u saamaxaya in ay culays duudka u ritaan oo ay dad kale awgeed u rafaadaan. Waxay soo badbaadeen ayaga oo hamuuman oo doonaya in ay nolosha ku raaxaystaan. Waxay doonayeen dumar, khamro iyo baashaal. Waxay doonayeen in ay damiyaan kulka qooqa. Dhib ma leh haddii la helo saaxiibad aqbalaysa raaxada qooqa ama jir lacag lagu iibsado. Laakiin, soo dhawayn ma leh xaas iyo hooyo ilmo dhasha oo ay la socdaan dabarro, daal iyo masuuliyad.

Dhinac labaadna, burburkii argagaxa lahaa ee uu dagaalku keenay waxaa uu khasbayay awood waxsoo-saar oo culus oo lagu magdhabo, ragga harayna kuma aanay filnayn dhaqdhaqaaqa dib-u-dhiska guud ee meel kasta laga doonayo.

Labadaa arrimoodba waxa ay ku kulmeen hal shay: waxaa waajib ah in ay haweenaydu ka shaqayso suuqa, warshadda, goobaha macdanta, meeshii ay shaqo ka qaban kartaba, haddii aanay sidaa yeelinna ayada iyo dadka ay masuulka ka tahayba gaajo ayaa ay u dhimanayaan.

Haweenaydii waxay ku khasbanaatay-ha kahato ama ha ku qanacsanaatee, in ay isaga baxdo nolosha guriga ee si uun u xasiloon, ayna u soo daadegto goobta dagaalka ee buuqa badan ee aan naxariis iyo magangelin toonna lahayn.

Goobaha aan ahayn shaqooyinka dabci ahaan haweenka u fiican ee waxdhigista, kalkaalisannimada iyo ummulisannimada leh, waxay kula kulmi jirtay rag ay dagaalladu shaabbaddoodii ku soo dhajiyeen; shaabbadda ah jeclaanta raaxo fudud oo dhow. Haddii aanay nafteeda bixin ee ay doonayso in ay akhlaaqdeeda ilaashato, albaabbada oo dhan waa laga soo awdi jiray, wax kastana waa ay ku cuslaanayeen. Haddii ay raalli ku noqoto oo ay aqbashana albaabbada dhammaan waa ay u furan yihiin, wax kastana waa u sahlan yihiin.

Mar walba in xaal sidaa ahaado khasab ma aanay ahayn; daruuri ma aanay ahayn in haweenayda lagu khasbo in ay akhlaaqdeeda ka tanaasusho si ay shaqo u hesho. Lafteeda waxaa waday sabab kale.

Waxa ay wajahaysay ma aanay ahayn baahida cunnada keliya, sidoo kalana ma aanay ahayn baahida isqurxinta iyo baahida lebbiska.

Maya e, waxay wajahaysay baahida jinsiga.

Tobankii malyan ee dhallinyarada ahaa ee lagu dilay dagaalladu waxay keeneen dheelli ku yimid isudheellitirankii ragga iy dumarka, ayaga beddelkoodna waxaa bulshada ku soo baxay malaayiin gabdhood oo aan helayn in ay guursadaan haddii uu xitaa nin walba oo nool uu guursado, sababtuna waa in aan xagga tirada wax ku beegmaya aanay jirin, sidoo kalana aanay jirin nidaam oggolaanaya in ciddii si sharci ah u guursanaysa ay guursato wax ka badan hal naag-in kasta oo uu nidaamkaan laftigiisu si rasmi ah u oggolaanayo in uu la tuman karo wax hal ka badan haddii aanay ahayn qof aan xilqaad ahayn (qaangaar ahayn ama aan waalnayn), aan la khasbinna!

Haddaba sidee ayaa ay gabar walba si nadiif ah oo sharci ah ugu gudanaysa baahideeda jinsi ee dabiiciga ahayd?

Mar haddii aanay gabadhu ahayn mid xumi laga dhawray oo muqaddas ah ama malag aanay ahayn maxay falaysaa? Ma waxay fali kartaa wax aan ahayn in ay saamigeeda ka qaadato xiriir aan sharciyaysnayn-qaanuunkuba ha saamaxee, ama in ay habeen madow jeex wax ku qarsato? Haddii dhaqanku horjoogsadana, waxay dhaqammadu ula muuqanayaan kuwa ay tahay in la burburiyo, oo mudan in ay baabba'aan.

Warshadaha iyo shirkaduhu waxay ka faa'idaysteen baahida daran ee ay dumarku la rafaadsan yihiin, waxayna haweenka ku shaqaalaysiisay mushahar ka yar kan ragga, ayaga oo kala siman shaqada la qabanayo iyo saacadaha lagu jirayo.

Waxay ahayd liidasho aysan oggolaanayn garaadka, caddaaladda iyo damiirku. Sidaa oo ay tahayna waa ay fushay, sidaa ayayna ku socotay sidii oo ay tahay wax lagu khasban yahay.

Dumarkiina waxaa u samaysmay qaddiyad u gaar ah. Qaddiyadda in mushaharka lagu sinnaado[24].

Xaaladdani sidaa ayay kal hore dumarka u ahayd, tan iyo kacdoonkii warshadaha, laakiin se aad bay u yarayd, waxayna aad ugu ekayd xaalad shaqsi shaqsi ku kooban. Maanta oo ay dumarkii oo dhan shaqaynayaan se waxay noqotay qaddiyad guud iyo loollan aad u kulul.

Haweenku waxay halgankooda u adeegsadeen dhammaan hubka dagaalka ee leh bannaanbax, shaqo joojin, mudaaharaad, handadaad iyo gooddi.

Sidaa oo ay tahayna wax natiijo ah kuma aanay guulaysan ama waxay ku guulaysteen natiijooyin qaar ah oo

24 Qaddiyaddaan, dalabaadkeeda iyo loollankeeda oo dhan waa ay horraysay oo waxay la bilaabatay kacdoonkii warshadaha, waxay se sii kululaatay sannadihii dagaalka iyo wixii ka dambeeyay.

aan xaqiijinayn yoolkoodii.

Waxaa haweenaydii u muuqday in inta ay ka fog tahay halka xeerka lagu dejiyo aanay qayladeedu wax faa'iido ah yeelanayn.

Waxaa lagamamaarmaan ah in ay yeelato cod baarlamaanku maqlaan, ama waa in ay ayadu gasho ama ugu yaraan ay yeelato xaqa codaynta.

Waxay u istaagtay dalbashada kan iyo kaas.

Markaa ayaa qaddiyadda xaalkeedii isbeddelay, dib damabana ugu ma aanay koobnaan mushaharka in lagu sinnaado oo qur ah.

Kal hore, loollanku waxa uu ku salaysnaa lacag, maantana asaaska.

Ninkii ayaa jidka istaagay asaga oo leh kani waa xaqaygiiye, maaha xaqii dumarka. Aniga ayaa ah awoodda xeerarka dejisa. Aniga ayaa xeerka dejinaya oo xukumaya. Aniga ayaa curinaya qawaaniinta bulshada, aniga ayaana nidaaminaya nolosha.

Waxaa kacday haweenaydii aan awal hore dalban jirin wax aan ka ahayn in mushaharka lagu sinnaado. Way hinqatay ayada oo leh: abuurta waynu ka simannahay. Jiritaanka isaga mid baan ka nahay. Waan ka simannahay xuquuqda. Waajibaadkana waan ka simannahay. Annaga iyo ninku isku mid baan nahay. Wax uu nooga fadli badan yahay ma jiraan, wax uu na dheer yahay iyo tixgelin uu nooga mudnaan badan yahayna ma jiraan.

Waxa uu ahaa loollan jiitamaya oo kharaar oo aan ku ekaan sinnaanshaha mushaharka ama sinnaashaha codaynta ama sinnaanshaha gelidda baarlamaanka ama sinnaanshaha shaqada I.W.M. Waxa la doonayaba waxay noqdeen keliya siinnaansho dhammaystiran oo aan xadaysnayn oo wax walba si aan kala sooc lahayn loogu sinnaado.

Ninkii oo huwan kakanaantiisii marnayd ee buuxday ayaa kacay, waxa uuna imminka dhufays ka dhigtay diinta, akhlaaqda iyo dhaqanka.

Waxa uu yiri: diintu waxay ninka gaysay martabad ka sarraysa haweenka, waxa ayna ka dhigtay tu asaga dabagal u ah.

Waxa uu yiri: akhlaaqda iyo dhaqanku waxay dhigayaan in haweenaydu ay u samaysan tahay guriga, guurka iyo qoyska, ee uma samaysna shaqada iyo in ay risiqa nagu cariiriso.

Haweenaydiina waxay lacnad ku bilowday diinta, akhlaaqda, iyo dhaqanka, waxayna iska furfurtay qaddiyadda diinta.

Waa ay ku sii socotay ayada oo joogtaynaysa oo dedaal oo dhanna isugu gaysay goob kasta, waxayna ku adkaysatay in ay garaacdo albaabkiisa ilaa loo hoggaansamo.

Waxay dalbatay waxbarasho sida tan wiilasha oo kale ah, ka dibna waxay dalbatay waxbarasho ay wiilasha isla dhiganayaan. Waxay dalbatay in ay jaamacadaha gasho, ka dibna kulliyad kasta oo gabdhaha mamnuuc ka ahayd.

Waxay dalbatay shaqo nooc ay tahayba, dalabkeeduna waxa uu noqday maangal bacdamaa ay heshay tacliin la mid ah tii wiilashu dhigteen.

Waxay dalbatay xornimo ka dhigan ka xoroobidda akhlaaqda sida ay ragguba yeeleen. Dalabkeeduna waxa uu noqday maangal maadaama bulshadu ay ragga u oggoshahay dhawrsasho la'aanta.

Mar haddii ay ragga oggolaansho uga sugayso wixii aysan lahayn, hadde oggolaansho ugama aanay sugayn nafteeda.

Kolkaa ayaa ay soo baxday ayada oo jidka laafyoonaysa, nafteedana u raadinaysa raaxada jinsiga, qofkii ay doonto nafteeda siinaysa, la jirkiisana gudanaysa dalabaadkii Farooydh; dalabaadkii xoolaha.

Bilowgii hore raggu si ba'n bay uga gilgisheen. Waxay u giligisheen sharaftoodii la dhaawacay iyo soocnaantii ay dhaxalka u heleen.

Laakiin ma aanay sii negaan e, way u hoggaansameen.

Xisaab bay isku dhufsadeen, waxaana u soo baxday in ay tahay gorgoro faa'iido u leh.

Xaaska shaqaysa waxay duudkiisa ka dabcinaysaa culaysyada masaariifta nolosha. Laba dakhli ayaa ka fiican hal dakhli. Si walba oo ay haweenaydu qayb ugu gaaryeelato nafteeda iyo isqurxinteeda, waxay la qaybsan doontaa qayb masaariifta guriga ka mid ah. Taasi waa dheef qalbigiisa ka dejinaysa culaysyada qaarkood.

Dhinaca kale, haweenku in ay bannaanka u soo baxaan oo heliddooda iyo gaariddooduba ay fududaato waa arrin macaankeeda leh. Meeshii uu joogaba ishuu la helayaa, waxa uu ku raaxaysanayaa quruxda iyo alaabaha soojiidashada leh ee uu arkayo. Markii uu u baahdaba waa ay u dhowdahay oo waa shaqo wadaaggiisii, ama saaxiibkeed waxbarasho, ama jidka ayaa ay wada marayaan. Waxay ugu sii dhowdahay saaxiibnimada ka xoroobidda akhlaaqda iyo dabarrada. Kolkaa, sidaa ayay ku qurxoon tahay. Noloshu ku birqaysaa. Raaxadu waa suuragal. Raaxada halka ugu shishaysana mustaxiil maaha.

Ninkii wuu oggolaaday gorgoradii faa'iidada lahayd, waxa uuna isaga bi'iyay u gilgilashadii sharaftiisa dhaawacan iyo soocnaantii uu dhaxalka u helay. Maya e, asaga ayaaba waxa uu noqday mid u ololeeya xoroobidda, dalbadana in haweenayda la siiyo xuquuqdeeda.

Kanna waxaa lagu magacaabay casriga xoraynta ee haweenka iyo soogaarsiinta heerka aadannimada

Taasi ma aanay ahayn waaxda keli ah ee uu dagaalku saameeyay ee qiyamkii iyo aamminaadihiina dabageddiyay ama sida dhabta ah buunbuuniyay wax hore u jiray, jidkana u xaaray.

U janjeersiga maaddada ee reer Yurub waa guun, waxaana dahaaraysay qub jilicsan oo Kirishtaannimo ah, waxayna ku qarsoonayd dareenka iimaanka oo mararka qaar ay midabbadiisa isku dhabooqaysay in kasta oo aanay in badan xakamayn jirin nolosha dhabta ah.

Maaddinnimadu waa ay sii kordhaysay, qubka kirishtaannimaduna waa uu sii jilcayay ayada oo ay soo badanayaan aragtiyihii isxigxigay ee curtay qarniyadii toban iyo siddeedaad iyo kii sagaal iyo tobaanad, gaar ahaanna aragtiyihii Daarwin iyo Farooydh iyo fasirka maaddi ee taariikhda. Ka dib waxaa la gaaray waqtigii dagaalka iyo wixii ka dambeeyay ee xilligii hirdanka waallida ahaa ee u xoog badashada dhulka. Hirdankii kordhinta waxsoosaarka maaddo, hirdankii ka faa'iday-siga awoodihii dadka iyo hirdankii dawladiba ay tu kale ku tirtir islahayd.

Waa loollan cabsi leh oo dunida maaddada ku salay-san, xiriirna aan la lahayn mabda', dhegna aan jalaq u siinayn qaylodhaan wanaagsan.

Isla xilligaa waxaa korodhay ku fitnoobidda Sayniska. Dagaalka intii lagu jiray waxaa la hawlgeliyay awoodihii saynis oo dhan si ay u sameeyaan waxyaalo wax halaaga oo cusub. Ka dibna waxaa loo hawlgeliyay sidii loo heli lahaa qaababka dib u dhiska ka dib dagaalkii baahsanaa iyo agabkii lagu kala rayn lahaa xagga waxsoosaarka.

Waxaa sayniska iyo hal-abuurkaba u curtay horumar ashaqaraar leh.

Horumar caqligu la dheelliyay oo shaydaanka cusub hortiisa iska istaagay asaga oo anfariirsan

Xilligaa ka hor, waayihii Kobernikus, Gaaliilayow, ka dib Daarwin iyo qaarkii ka dambeeyayba, waxay sayn-isyahannadu la colloobeen kaniisadda, halkaana wax-aa ka dhalatay kala fogaanshihii darnaa ee sayinska iyo diinta.

Saynisku waxa uu diinta kaga xoog batay duruufihii aan hore u soo faahfaahinnay, ka dibna kalataggii sayn-iska iyo diintu waa ay sii korodhay mar kasta oo saynis-ka ay u furanto waax cusub, halka ay diintiina barteedii fadhido oo aanay hanan in ay ka soo baxdo hoolasha kaniisadda oo ay timaaddo dariiqyada ciriiriga ah.

Waxay fitnadu dhacday markii dadka la moodsiiyay-saynisyahannaduna ay ismoodsiiyeen, in ay gacanta ku dhigeen xeerarka dabiicadda, wax yarna ay u jiraan abuuridda nolosha.

Halkaas ayay Yurub Ilaaheedii ku xoortay sida uu yiriba Wilyam Soomersed Maam[25], waxayna rumaysay Ilaah cusub oo la yiraahdo Saynis. Waxay si kamadambays ah isaga furfurtay fikraddii Alle iyo diin qaadashada, iyo dhammaan qiyamkii iyo aamminaadihii ay diintu awal hore falkisay. Waxaa la moodsiiyay in ay karto, maya e ay waajib ku tahay, in ay maanta falkiso qiyamkeeda iyo aamminadaheeda oo dhan, aysan una cuskan masuuliyad Eebbe iyo cid ka soo hartay toonna. Maanta way ka kortay qoorxirkii, wax masuul ka noqdana baahi dambe uma ay qabto.

Maanta, sidii uu yiriba Juuliyaan Haksili: qofku naftiisa ayuu caabudaa, qofku waa Alle.

Kanna waxaa lagu magacaabay casrigii ka guulaysashada dabeecadda iyo ka takhallusiddii quraafaadka.

Taasi waa waxyaabihii saameeyay Yurub, kuna idlaaday hoobashadii diinta, akhlaaqda iyo dhaqanka.

Si walba oo ay diintu Yurub ugu liidatay, ayna u ahayd qub saanqaafka saaran, waxa ay u baahatay waqti laba qarni oo dhammaystiran ah; laba qarni oo dhammaystiran oo ay dubbayaashaan culusi si ba'an dusha uga

25 William Somerset Maugham, qoraa ingiriis ah oo noolaa 1874-1965-kii. Waxa uu ka qori jiray riwaayadaha, sheekooyinka gaagaaban iyo masraxa.

garaacayeen, dhinac walbana ay ka jabinayeen, kolkii ay midi ku dhacdana waxaa u dabamaraysay oo dubbaynaysay tan kale, welina dhismihii duugga ahaa wuu taagan yahay si walba oo uu u jilcanaa oo uu u dildillaacsanaa, ilaa ay ugu dambayntii gilgilatay oo ay duntay.

Ilaa waqtigaana waxaan soo bandhigaynay sababahaas. Waxaan ku soo bandhigaynay bay'addeeda taariikheed ee ay ku ugxamo dhashay ee ay ku ukumo dillaacsatay, laakiin se ma aynaan falanqayn, mana aynaan baadigoobin sax iyo qalad wixii ku jira.

Sheegashooyinkaa isaga daba yimid weeraridda diinta, akhlaaqda iyo dhaqanka ee gaarsiinaysa dumiddiisa.

Kullligeed ma xaqiiqooyin baa?

Mise waa baaddil?

Mise si isku mid ah ayay u tahay xaq iyo baaddil?

HIRDAN 60

DHAB IYO DHAYAL

Cutubkii hore waxaan ku soo bandhigay xayn si u aragga reer yurubtu ay ka bixiyeen koonka, nolosha iyo dadka, Daarwin ka hor iyo ka dib, waxaannuna soo aragnay sida ay aamminaadaha diinta, akhlaaqda, dhaqanka, iyo waxa ku hareeraysan ee dareen iyo iftiin leh ay u ahaayeen kuwo gilgilanaya oo liicliicaya ilaa ay aakhirka dumaan.

Kolkii uu qof u joogsado-sida aan fasalkaa horaba u joogsannay, in uu soo bandhigo xarriiqdaa dheer ee gedegddoonka joogtadaa iyo habowga xiriirsan ah, waxa uu la irkigayaa in sawirashadaa gilgilanaysa ee turaanturroonaysa ee caaqnimada ah ay tahay sawirasho dad. Dad sheeganaya in ay bislaadeen, in ay yihiin dad waxbaranaya, in ay yihiin dad wax yaqaan. Dad ku andacoonayaan in dadkuba ay ayaga yihiin. In ay ka soo baxeen casriyadii dhexe ee mugdiga, ayna u soo baxeen iftiinka aqoonta xaqa ah ee ciddii bidhaansata aanay lumayn.

Waxa uu la amakaagayaa in sawirashadaan ay

xadaaradi ku dhisanto.

Xadaarad sheeganaysa in ay tahay xadaaradda xaqa ah, wixii ka soo haray ee xadaaradihii hore ee taariikh-duna marka loo eego ayada ay noqonayan marxalad ka mid ah heerarka carruurnimada ama dibdhaca ama mugdiga. Xadaaarad ku andacoonaysa in ay tahay fiinta sare ee marka ayada loo eego ay baabba'ayaan fiin sare oo idil, qiyamka giddigii iyo walxaha dhamaantood.

Aadanuhu yaab bay la yuurursanayaan haddii aanay jireen waxa uu maanta u jeedo ee ah bar bilowdayada boolfurfurka iyo dumitaanka.

Hirarkii qooqanaa waxay gaareen heerkoodii u dambeeyay, waxayna bilaabeen dibugurashadii. Waxay bilowday hoobashadii, waxaana la hoobanaya ninkii caddaa ee arlada ku sameeyay fasaad ku soo laallaabmaya agabkii horumarineed ee dhabta ahaa iyo agabkii cammirtaan ee uu dunida ku soo biiriyay, ee maantana ku dhow in uu dumiyo caalamka dhammaan oo uu salka ka rujiyo-ka hor inta uusan wareejin hoggaamintii uu labadii qarni ee tagay soo waday.

Haaheey, ninkii caddaa wuu lumiyay madaxnimadiisii, cidda sidaa lehna waa nin cad oo caddaannimadiisu fac weyn tahay, waa faylasuufkii ingiriiska ahaa ee casrigaan Beertareen Raasal[1], oo ku sheegay bayaan diirka ka cad oo uu baahiyay sannaddo ka hor. Wuu waayay madaxtinnimadiisii, maxaa yeelay wuu idlaystay ujeed-

1 Beertareen Raasal waxa uu yiri: waa uu dhammaaday casrigii uu ninka cad hoggaanka ahaa, madaxtinnimadaasi in ay weligeed waartana maaha xeer ka mid ah xeerarka dabeecadda. Waxaan aamminsanahay in ninka cad uusan heli doonin maalmo fiican oo la mid ah maalmihii uu helay muddo afar qarni ah'

dooyinkiisii, umana aanay harin fikrad qumman oo uu dadka siiyo. Wixii fakar qumman ee uu hayay waxaa ka xoog batay sharka ku duugan sawirashadiisa qalloocan, xaqiiqoyinkii uu hayayna baaddilka ayaa ka xoog batay.

Waxaan fasalkii hore ku soo qaadaadhignay tallaabooyinka waqti walba ee Yurub iyo wixii ay ku samaysay fikirrada dadka, dareenkooda iyo noloshooda shaqo. Waxaan doonaynaa in aan fasalkaanna ku faaqidno suuraysigaas faafay Daarwin ka dib, beddelayna sida uu qofku naftiisa u arkayay, booska uu koonka ku leeyahay, shaqadiisa nolosha, deetana wax walba doorisay.

Waa koox sawirro kala duwan ah oo dhinac walba la xiriira. Siyaasadda, bulshada, dhaqaalaha, cilmu nafsiga, falsafadda, suugaanta iyo fanka, laakiin se waxay isugu soo ururaysaa saddex sawir oo madax u ah:

1. Xoolannimada dadka iyo walxoobiddooda.
2. Horumarka joogtada ah ee fikradda negaanshaha meesha ka saaraya.
3. Waajibnimada horumarka uusan aadanuhu xoog, talo iyo doorasho toonna ku lahayn.

Saddexdaan sawir ee seeska u ah ayaa ay ka curteen faracyada iyo dabbiqitaannadu ilaa ay ku kulmisay dhammaan hawlqabadyada dadka.

Daarwin waxa uu ahaa halyaygii Xoolaynta Aadanaha. Buuggiisa "Asalka Aadanaha' waxaa si weyn looga dheehan karaa xoolaynta dadka iyo dafiridda dhammaan si u araggii hore ee diineed iyo falsafeed ee aadanahaan siisay soocnaan iyo keliyoobid, qaab maangal ahna uga dhiraandhirisay in aadanuhu le keli yahay nidaam bulsheed gaar ah iyo nidaam akhlaaqeed oo uumiyaha kale oo dhan aanay haysan, ahna waxa uu insaanku xoolaha dheer yahay.

Waxaannu cutubkii hore ku soo sheegnay wax inoo ga filan in aan mar kale ka sheekayno sida aadanuhu in uu isu arko in uu xoolo yahay ay u dhalisay silsilado isku xiran oo dhaqanxumo fikir, akhlaaqeed iyo mid bulshaba leh, oo xad ay ku joogsatana aan lahyn. Haddii ay maanta mandiqa iyo sayniskaba inoogu sugnaatay in sawirashadaani ay asalkaba qaldantay, waxaa sidoo kale salka loo rujiyay dhammaan aamminaadihii ka dhashay iyo kuwii lagu dul dhisay, ee ay reer galbeedku ku fidnoobeen labadii qarni ee tegay, innanagana inoo soo tallowday oo qarnigaan ina fidnaysay.

Daawriinraacyada kala ma doodayno arrinta xoolannimada aadanaha. Cidda falanqaynaysa waa aqoonyahan Daarwinraac ah oo casrigaanna ah, waa Juuliyaan Haksali iyo buuggiisa "Aadanaha Casrigaan'.

Si akhristuhu u degana, Ilaahay mahaddii, reer Haksali oo dhan waa mulxidiin. Kan ugu mulxidsanina waa Juuliyaanka aan warkiisa halkaan ku soo gudbinayno. Waa asaga kii buuggiisaa ku yiri: Ilaahay[xumaan ka hufan e] waxa uu ahaa khuraafaad uu aadanuhu naftiisa u sameeyay si uu u weheshado xilligii uu koonkaan ku cidlooday, waxaana la gaaray waqtigii khuraafaadkaas la iska tuuri lahaa, qofkuna uu naftiisa gayn lahaa booskii Ilaahay'.

Haaye, ha ku xasilo akhristuhu in kan reer Daarwin kala doodaya arrinta aadanaha uu yahay aqoonyahan reer Daarwin ah oo mulxid ah oo aanay qalbigiisa ku jirin dhibic qura oo iimaan ah.

Haksali waxa uu ku leeyahay ciwaanka: kelinnimada aadanaha:

Waxa uu aadanahu u ruxmay sida leexada (pendulum) oo kale marka la joogo aragtiyaha la xiriira kaalintiisa kolka loo eego xoolaha intooda kale, oo mararka qaar waxaa kala soocaysa haadaan aad u dheer oo u dhexaysa, mar haadaan aad u yar, dabcanna waa suuragal in haadaantaas laga yareeyo ama laga weyneeyo marna dhinaca xayawaanka marna dhinaca dadka. Aadanuhuna waxa uu karaa sidii uu Diikaad[2] sameeyayba in uu xoolaha u sawirto sidii agabkii ama-sida ay badi maangaabku sameeyaanba, in uu huwiyo wax badan oo tilmaamaha aadanaha ah, ama waxa uu qofkuu awoodaa in uu haadaantaa dhankeeda aadannimo uu ku shaqeeyo oo uu markaana jinsigiisa aadannimo uu ka siibo sifooyinkiisa oo uu ku biiriyo xayawaanka ama uu sii maammuuso jeer uu geeyo heer ka sokeeyo malagnimada.

Aragtida Daarwin markii ay soo ifbaxdayna leexadii waxay u ruxmatay geddisgeddis, mar kalana waxaa

---

2 Faylasuuf, saynisyahan, xisaabyahan, caanna ku ahaa kaalintii uu ku lahaa falsafadda iyo sayniska casriga ah, reer faransiis ah oo noolaa 1596-1650. T

aadanaha lagu daray xoolaha. Leexadii si tartartiib ah ayay ku gaartay halka ugu shishaysa ruxmashadeeda, waxaana soo ifbaxay wax u muuqday in ay yihiin natiijooyinkii maangalka ahaa ee aragtida Daarwin: aadanuhu waa xoolo la mid ah xoolaha kale, sidaa darteedna aragtiyihiisa la xiriira macnaha nolosha aadanaha iyo himilada sare ma mudna tixgelin ka badan aragtiyaha gooryaanka Taenia iyo bakteeriyada Bacillus. Waaritaanku waa halbeegga keli ah ee guusha horumarka. Sidaa darteedna, noolayaasha jira oo dhan waa isku qiime. Fikradda horrayntuna waa uun fikrad aadane. Waxyaabaha aan lagu murmayninna waxaa ka mid ah in aadanuhu uu xilligaan yahay madaxa uunka, laakiin waxaa booskiisa geli karta bisadda ama jiirka.

Halkaan, hoggii u dhexeeyay aadanaha iyo xooluhu uma aanay yaraan sabab la xiriirta in xoolaha la siiyay tilmaan aadane e, waxaa keenay sifooyinka aadannimo ee yar ee uu aadanuhu leeyahay. Sidaa oo ay tahayna, waxaa waa dhow soo ifbaxay jiho kale oo inta badan sababteeduna tahay kororka aqoonta iyo fiditaanka aagagga lafagurka sayniska.

Leexadii mar labaad ayay lulatay, waxaana mar kale weynaaday hoggii u dhexeeyay aadanaha iyo xoolaha. Aragtidii Daarwin ka dib aadanuhu ma karayn in uu iska dhawro naftiisa in uu ku tiriyo xoolaha, laakiin waxa uu soo biiriyay in uu isu arko xoolo aad qariib u ah, weliba xaalado badan oo wax loo dhigo aan lahayn. Lafagurka kelinnimada aadanaha ee dhanka bayoolojigu ma aanay dhamaystirmin, maqaalkaanina wax kale maahee waa uun isku day lagu soo bandhigayo booska uu maanta joogo.

Waxyaalaha aadanaha u gaarka ah tan ugu horraysa ee ugu weyn, uguna cadcad waa awooddiisa fakar ee wax sawirasho. Sifadaan asaasiga ah ee aadanaha u gaarka ah waxay leedahay natiijooyin badan, waxaana ugu muhiimsan korriimada caadooyin isa sootaraya. Natiijooyinka kororka dhaqan waxaa ugu muhiimsan ama haddaa rabtidba dheh:muuqaallada xaqiiqadiisa kuwa ugu muhiimsan waxaa ka mid ah, sida uu aadanuhu u sii horumarinayo waxa uu haysto ee tiro iyo qalabba leh. Dhaqanka iyo tiraduba waa waxyaabaha gaarka ah ee aadanaha u diyaarisay madaxdinimada dunida ee kaga soocday noolayaasha intooda kale. Madaxnimadaan bayalooji-waqtigaan la joogo, waa sifo kale oo ka mid ah sifooyinka aadanaha u gaarka ah.

Sidaa ayuu cilmiga bayoolojigu aadanaha u gaarsiinayaa heer la mid ah heerkii lagu galladay ee ah in uu uumiyaha intooda kale madax u yahay, waana sida ay diimuhu qabaan. Sidaa oo ay tahayna waxaa jira kala duwanaansho. Kaladuwanaansho qaddar uun muhiim ah marka loo eego aragtideenna guud. Marka laga istaago dhinaca aragtida bayoolojiga, xayawaannada kale looma uumin u adeegidda aadanaha, laakiin se aadanaha ayaa horumariyay qaab u suurgelisay in uu tartannada qaarkood kaga takhallusay, qaar kalana addoonsaday si uu u weheshado, uuna u dheellitiro xaaladaha dabeecadeed iyo bayalooji ee badi arlada korkeeda, aragtida diineedna tafaasiisheeda ama badi waxa ay xambaarsanaydba ma aanay saxnayn, laakiin se waxay lahayd sees jiyooloji oo adag[3].

Hadalka, dhaqanka iyo tiraduba waxay keeneen sifooyin kale oo badan oo aanay ayagoo kale lahayn xayawaannada kale, badidoodna waa kuwo iska cad oo la yaqaanno.

Aadanaha oo nooc taliye ahna wax loo dhigo ma leh, oo noocyadii kale ee loo talinayay waxay u qaybsameen boqollaal iyo kumannaan nooc oo ayaga ka soocantay, waxayna isku urursadeen jinsiyo iyo laamo badan iyo kooxo waaweyn. Laakiin aadanuhu asaga oo aan qaybsamin ayuu ilaashaday madaxnimadiisii. Taranka aadanaha noocyadiisu waxay ku socdeen hal nooc keli ah.

Ugu dambayn aadanaha qaabkiisa horumar wax loo dhigo laguma hayo xaywaannada reer magaalka ah.

Aadanuhu waxaa kale oo ay leeyihiin sifo bayalooji oo kale oo u gaar ah, waana kelinnimada taariikhdiisa horumar.

Hadda waxaan joognaa goob inoo saamaxaysa in aan qeexno kelinnimada horumar ee aadanaha. Sifada aadane ee asalka ah ee ah in aadanuhu yahay noole taliye ah ayaa ah fikirka macnawiga ah.

Cilmibaaristeennu ilaa hadda waxa ay sifooyinka aadanaha u eegaysay si guud oo ah dhanka horumarka

3 Juuliyaankaa mulxidka ah ma uu karo in uu daayo in aragtida diineed ay saxan tahay, waxa uuna ku dedaalayaa in uu yiraahdo waxay wadatay khaladaad. Sidaa oo ay tahayna waxa uu ku khasbanaaday asaga oo kahanaya in uu yiraahdo: waxay ku taagnayd sees jiyooloji oo adag; taas oo macnaheedu yahay way saxnayd. Si walba waxaannu ugu dedaalnay in aan soo qorno aragtidiisii oo dhammaystiran oo aan laga reebin wixii aannaan ku raacsanayn. Si walba oo uu u jiirajiiraynayo, macnaha hadalkiisu waa waadax.

iyo isbarbardhigga, imminkana ayadaan ku laabanaynaa oo aan ayada iyo natiijooyinkeedaba si gundheer u baaraynaa. Marka hore waxaa waajib ah in maankeenna aanay ka bixin in farqiga caqli ee u dhexeeya aadanaha iyo xoolaha uu ka weyn yahay inta aynu caadiyan moodayno. Dhammaanteen waynu ognahay awoodda abuur ahaaneed ee cayayaanka, laakiin se waxay u eg tahay in aysan karin barashada tub cusub, naaslayduna taa kaga ma fiicna, halka uu fikirku aadanahana u leeyahay ahmiyad bayalooji oo weyn xitaa marka ay fikirkiisa ay ku habsadaan caadada, iskudayga iyo gefku. waxaan sina looga baxsnayn in caado ahaan dhaqanka xayawaanku uu yahay mid ku eg xad ciriiryoon. Laakiin aadanuhu qayb ahaan waa u xor habdhaqankiisa-si siman ayaa uu xor ugu yahay qaadashada iyo bixinta. Dabacsanidaan uu la dheer yahay waxay leedahay natiijooyin kale oo saykoolaji ahaaneed oo ay is-halmaansiiyaan ragga falsafadda maanku, aadanuhuna sidaa oo kale qaarkeed waa la gaar e, waxay dabacsanidaani keentay in aadanuhu uu noqdo noolaha keli ah ee aan laga fursanayn in iskubuuq nafsi ah uu ku dhaco. Sidaa oo ay tahay, ayada oo la raacayo aragtiyaha casrigaa ee aadanaha ku saabsan, waxaa jira qalab ilaa xad lagu yareeyo loollanka nafeed, waana tan ay aqoonyahanka kasmo-nafeeddu ay ku sheegayaan: afjugid iyo dubbayn.

Sifooyinkaan gaarka ah waa kuwa uu la gaar noqday aadanuhu, ayna suuragal tahay in lagu magacaabo kuwo nafsadeed in ka badan inta ay yihiin kuwo bayalooji oo ka dhalanaya sifo ama wax ka badan sifooyinka saddexda ah ee soo socda:

Tan koowaad: awooddiisa fakarka gaarka ah iyo kan guud.

Tan labaad: midnimada qayb ahaaneed ee hawlihiisa caqli ee liddiga ku ah qaybsanaanta caqliga iyo habdhaqanka xayawaanka.

Tan saddexaad: jiritaanka isutag bulsheed sida qabiil, ummad, xisbi, caqiido, iyo midiba in ay ku dheggan tahay caadooyinkeeda iyo saqaafaddeeda.

Waxaa jira natiijooyin heerka labaad ah oo ka dhashay horumarka caqliga oo ka soo bilowday waagii aadanaha ka hor ilaa waagii aadanaha, waxaana shaki ku jirin in ay dhanka bayooliji ahaaneed ay sooc tahay. Aynu ka xusno: cilmiga xisaabta soocan ah, hibooyinka muusig, qaddarinta iyo hal-abuurka fannaaniinta iyo diinta iyo jacaylka sarreeya.

Laakiin halkaan ina kuma filna in aan hawlqabadyada qaar tirinno e, sida dhabta ah badi noocyada dhaqdhaqaaqa aadanaha iyo sifooyinkiisu waa natiijooyin heerka labaad ah oo ka dhashay sifooyinkiisa asalka ah, sidaa darteedna waa kala mid soocnida xagga bayooloji ahaaneed.

Waxaa laga yaabaa in soocnaanta aadunuhu ay leedahay natiijooyin heerka labaad ah oo aan weli laga faa'idaysan. Tijaabooyinka sida kuwii uu Been Biriil[4] ku sameeyay dareenka asaga oo aan adeegsanayn

4 Sidaa ayaa buuggaan ku taalla balse buugga Haksali ee uu xiganayo ee 'Man in The Modern World' waxaa ku qoran Rhine iyo Tyrrell. Kan hore waa Joseph Banks Rhine, noolaa 1895-1980, ah ameerikaan ku takhasusay bayoolajiga dhirta, ahaana aasaasaha maaddada paraphsychologyga. Kan labaadina waa George Nugent Merle Tyrrell, noolaana 1879-1952, ahna biritish xisaab iyo fiisikisyahan, injineer raadiye iyo aqoonyahan parapsychologist ah. T

dareemayaasha, iyo sida kuwii uu gudbinta afkaarta ku sameeyay Gilbet Muurray[5], iyo badashada xilli ka xilli ee qoraallada ku saabsan akhrinta afkaarta iyo saadaalinta mustaqbalku, waxay inoo sheegayaan in dadka qaarki ay leeyihiin awoodo aqooneed oo aan loo marayn tubtii caadiga ahayd ee ogaalka loo marayay dareemayaasha.

Sidaa darteed, waxa uu aadanuhu noqon karaa mid badi xaaladihiisa sooc ku ah in ka badan inta aan hadda u malaynayno.[6]'

Waxaa laga yaabaa in aan xoogaa ku dheeraannay qoraalkii aan ka soo guurinnay buugga Juuliyaan Haksali[7], weliba in ka badan inta uu qaadi karo buuggaan yar, sababtuna ma aha in aan baahi u qabno in aan ku qanacno soocnaanta aadanaha. Soocnaanta aadanuhu waa fiirohoraad uusan qofku u baahnayn in uu ku doodo ama in uu ku rafaado garashadeeda. Waxaannu la yaabannahay jaahilyadda yurub sida ay ugu habowday sidaan oo dhan qarnigii toban iyo sagaalaad, xilligii ay rumaysay xoolannimada aadanaha-sida Haksali uu yiriba. Iyo sida ay u malaasantay waxgaradnimada saynisyahannadu oo ay hirka ula dillaameen ayaga oo ku talaxtagaya suuraxumaynta aadanaha iyo in xoolaha lagu tiriyo.

Maya, kuma aannaan sii dheeraan erayada buugga Haksali si aan ugu qanacno soocnida aadanaha iyo in

5 Aqoonyahan iyo indheergarad Ingiriis-Awstareeliyaan ah oo noolaa 1866-1957. T

6 Buugga 'Aadanaha Casriga' ee Juuliyaan Haksal, turjumaaddii Xasan Khaddaab iyo dib u eegistii Dr. Cabdulxaliim Muntasir. Goosgoos ka bilowda bogga 1-aad ilaa bogga 36-aad.

7 Bayloojiste la dhacsan oo aad u taageersan aragtida Horumarka oo noolaa 1887-1975, reer ingiriis ah. T

uu ka durugsan yahay xoolannimada e, waxa keliya ee aan sidaa u yeelnay waa in aan caddaynayno in dareenkii diineed keligi uusan xaqiiqadaan ku baraarugin e, sidoo kale sayniska laftiisu-waa sayniska uu sheegayo nin mulxid ah oo aan Ilaahay rumaysnayn e, uu asna ku baraarugay ka dib lulasho iyo kufid dheer in aragtida Daarwinraacyadii hore ee hallaysay garaadka reer yurub, akhlaaqdoodii, caadooyinkoodii, iyo dhaqankoodii aysan saxnayn, weliba ayada oo ku taagan aragti saynis. Sababtuna waa in aragtida saynis ee baraxatiran ay tahay wax gooniya, habka loo fahmo ama qaabka loo jiheeyo ama qaabka loogu saamoobana ay tahay wax kale oo si buuxda uga soocan. Saynisku waa awood dhexdhexaad ah, iskiina kheyr iyo shar toonna uma aha. Laakiin sida loo adeegsado ee loo jiheeyo ayaa uu kheyrka ama sharku ka dhashaa.

Khasab ma aanay ahayn in aragtida Daarwin lafteeda ay ka dhalato-weliba xog yaraantii xilligiisa jirtay iyo sidii ay yarideedu u saamaynaysay la soobixdda natiijooyinka e, in ay culumadu ku khasban yihiin in ay rumeeyaan xoolannimada dadka. Dabbiqidda aragtida horumarka lafteeda ayaa waxay inoo sheegaysaa in aadanuhu yeesho halbeeg ka duwan kan xoolaha. Dunida xayawaanka waxaad ka helaysaa halbeegyo cusub oo uu xayawaanku yeelanayo mar walba oo uu sii koro jarnjarada horumarka. Xayawaanka laba indhood leh loo qaban mayo wax uu leeyahay xayawaan aan markii hore laba indhood lahayn. Xayawaanka ilmihiisa nuujiya waxa uu leeyahay halbeeg noloshiisa khuseeya oo aan ahayn halbeegga shimbiraha ukumaha dhiga oo ku fariista ama cayayaanka ugxamaha dhiga ee qubkooda kaga taga. Haddaba aadanaha xayawaannimada ka koray miyaa aysan kaa iyo kaasba yeelanayn halbeegyo u gaar ah oo aan ahayn halbeegayada xayawaanka?

Jahliga ayaa reer yurub hagayay labadii qarni ee u dambeeyay, weliba bartamaha xilli dadka la moodsiiyay in saynisku uu yahay kan haga nolosha halkaa ka jirta.

Haddaba, aadanuhu waa aadane!

Xataa Juuliyaanka aan Ilaahay rumaysnayn, ee aan aamminsanayn in Ilaahay uu abuuridda koonka iyo aadanaha ujeeddo ka leeyahay, aan rumaysnayn rooxaaniyadda aadanaha, warkiisana aan weligii ku darin rooxaaniyadda, Juuliyaankaas ayaa leh: aadanuhu waa aadane, aadannimadiisa sooc buu ku yahay.

Alle ayaa mahad iyo ammaan leh.

Haddaba, dhammaan aragtiyaha fikir, bulsho, dhaqaale, siyaasadeed, suugaaneed, faneed iyo wixii la mid ah ee ka farcamay rumaynta xoolannimada aadunuhu waxay ahayd tu weecsan, qaldan oo aan mudnayn in la tixgeliyo.

Cilmi ahaan waxaa ina ku filnaa in aan caddayno asaas xumada ay aragtiyahaani ku dhisnaayeen, si aan u sugno in aragtiyahaan-ku dhisan seeska qalloocan, aanay suuragal ahayn in ay ceebkasaliim noqdaan, macquulna aanay ahayn in ay saxnaadaan.

Sidaa oo ay tahayna waxaan hore ugu sii soconaynaa faaqidaadda aragtiyahaan qalloocsan si aan u mujiinno qalloocyada lafteeda ku jira innaga oo aan ku hambaasayn asaaskeeda qalloocan.

Marka fasirka maaddi ee taariikhdu uu leeyahay:

taariikhda jinsi ee dadku waa taariikhda baadigoobka quudka, waxa uu mooggan yahay fiirohoraad sahlan oo cad oo uu qofku isweydiinayo sida ay qof uga suurowdo in uu sidaa sahlan u moogaado. Waxa uu mooggan yahay in taariikhda dhammaanteed ay tahay taariikhda quud raadinta. Waa yaabe muxuu aadnuhu aadane u noqday, xayawaankuna xayawaannimadiisa ayaga oo asalka iyo taariikhdaba wadaaga? Muxuu aadanuhu u sameeyay nidaam, fikirro, caqiidooyin, xadaarado iyo warshado haddii taariikhdiisu ay cunno raadin uun tahay? Maxay buusan ugu sii waarin bartii ugaarsiga iyo bahalnimada sida ay xayawaannadii la ayniga ahaaba ugu waareen?

Fiirohoraaddaani ma waanay ku soo jiidanayn? Miyaanay indhaha kuu furayn?

Aadanuhu waxa uu raadiyaa quud. Haa, waa dhab. Waxay taariikhdiisu ku saamoobaysaa taariikhdii quudraadinta. Haaheey. Waa xaqiiqo. Maxaa yeelay raashinku waa qayb ka mid ah nolosha dadka. Qayb kastana waa khasab in ay wadarta saamayso.

Laakiin in taariikhdiisu noqoto taariikhda quudraadinta ee ay taa ku dul samaysanto aragtiyo iyo saynis, ayna ku takhasusaan saynisyahanno, faylasuufyo iyo mufakiriin ayaa ah yaab ka mid ah ashaqaraarka jaahiliyadda cuusub ee ku dhisan magaca sayniska iyo ogaalka!

Ma suuragal baa in uunku ay gaaraan wax aanay u diyaarsanayn oo aanay haysan wixii suuragelin lahaa?

Miyuusan habdhaqanka xayawaanku ahayn mid sida Haksali yiriba taagan, aan kala duwanaanayn, isbeddelayn oo aan korayn, maxaa yeelay xayawaanku uma diyaarsana wax ka badan sida uu haatan yahay?

Gaaridda aadanaha u hirgelisay in uu yeesho nidaamyo, fikirro, caqiidooyin, iyo xadaarado miyaanay tusinayn in uu waxaas oo dhan u diyaarsan yahay oo uu awoodo? Miyaanay tusinayn in tan iyo bilowgiisii uu xambaarsan yahay tamartii dhalinaysay fikirrada, nidaamka iyo caqiidooyinka, iyo in uu tan iyo bilowgii-iyo dabeecaddiisa la hirdanka koonka ku hareeraysan, ay dhexdiisa ku biqlisay iniintii u horraysay ee waxyaabahaan macnawigaa oo dhan? Biqlin asal ah oo ka soo maaxanaysa gunta jiritaankiisa iyo dabeecadda diyaarsanaantiisa. Miyaysan ina tusayn-intaa ka dib, in xitaa asaga oo quud raadis ah,-waana raadin aan go'ayn ilaa hadda iyo berriye, uusan ku qarqoomayn quudraadin keliya? sababtuna waa in naftiisu ay leedahay dhinacyo kale oo ayaguna quudkooda doonaya, iyo in sidaa oo kalana xataa asaga oo quudraadis ah uusan ku raadin calooshiisa keliya sida xayawaannada kala sameeyaan, calooshiisa iyo caqligiisa oo qurana uusan ku goobayn e, uu ku baadigoobayo dhinayco kale oo ka sarreeya, oo tusaale ahaanna ah tan ku duwday in uu raashinka bisleeyo oo uu habeeyo, deetana uu xarrageeyo cuniddiisa iyo qaabka uu u keenayo.

Mise waan qaldannahay?

Markii uu Farooydh yiri taariikhda dadku waa taariikhda raadinta baahiyahooda jinsi, ka dibna uu baahiyaha jinsiga ku koobay baahiyaha xayawaanka, waxa uu ka tegay fiirohoraad fudud oo cad, qofkuna uu la yaabayo sida ay qof uga suurowdo in uu sidaa sahlan u moogganaado.

Kaba sooqaad in aan si buuxda u aqbalno sheekabaralayda foosha xun ee uu Farooydh amaamuday si uu taariikhda dadka ugu fasiro, taariikhda caqiidooyinkooda, fikirradooda, nidaamyadooda iyo xadaaradahooda. Haddiiba aan si buuxda u aqbalno sheekabaralaydaan aan daliilka lahayn, lafteeda ayaa muujinaysa aadannimada aadanaha!

Ilmihii waxay hooyadood la aadeen dareen jinsi, waxayna aabbahood u arkeen caqabad ku gudban oo waa ay dileen.

Ka dib falkoodii waa ay ka shallaayeen.

Waxay ku dhaarteen in ay sharfaan xuskiisa, cibaadada ayaana sidaa ku curatay.

Waxay is arkeen ayaga oo isku laynaya hooyadood darteed, waxayna goosteen in midkoodna uusan taaban, sidaana waxaa ku samaysmay waxyaabaha xaaraanta ka ah.

Waxay go'aansadeen in halkii ay islayn lahaayeen ay isgarabsadaan, waxaana noloshii dadka ku soo biiray isgarabsi bulsheed.

Haa, si kumeelgaar ah ayaan ugu raalli noqonaynaa sheekabaralaydaan.

Haddaba, maxaa ku jira?

Waxa ku jira ugu horrayn in ay falkoodii ka shallaayeen.

Haddaba, waxaa ku sugan gunta aadanaha, mugdiyadiisii hore, ooggii taariikhda ka hor, qiyam akhlaaqeed oo ficillada haga oo barbar socda isdiridda abuurta ah ee soocan.

Xayawaanku kama qoomamoodo falkiisa, ficilladiisuna ma leh jaangooyo akhlaaqeed. Marka laga tago ficilka sasistaanka[8] oo ah dareen barax la', ma laha dareen u sheegaya in waxaan uu samaynayo ay qalad yihiin ama waxaa uu falayo ay sax yihiin.

Laakiin ilmahaani sida uu Farooydh leeyahay waa ay ka qoomaamoodeen falkoodii. Haddaba waxaa ku abuuran dareen falka siinaya qiime akhlaaqeed, aan xukunkeedana u daynayn in ay abuurtu dabada ka riixdo.

Waxaa laga yaabaa in abuurtu ay horbooddo oo ay ka xoog badato dareemihii akhlaaqeed, ayna aammusiso. Waa dhab in ay taasi dhacdo, laakiin kama dhigna in dareemihii akhlaaqeed uusan jirin ama ay tahay wax qofka bannaanka looga keeno oo aanay hore guntiisa waxba ugu jirin.

Ma aha sidaa! Dareemahaan akhlaaqeed waa qayb asal ahaan uga mid ah aadanaha. Waa diyaargarow abuur ah oo bannaanka laga kobciyo ama laga liido. Laakiin se mar walba halkaas ayuu abuur ahaan gunta uga jiraa- xooleeyayaasha aadanuhuba ha diidaan hadday rabaan e.

Sheekabaralayda labaadna waxaa ku jiray in ilmuhu ay goosteen in ay naftooda ka qadiyaan nooc ka mid ah falalka baahidooda abuureed ay ku riixayso sida uu Farooydh ku andacoonayo.

Wax dooniba ha noqdaan waxa xaaramayntaa ku riix-

8 Ficilka saska ah waxa uu la xiriiraa xanuunka xisiga ah ama macaanka xisiga ah ee uu fal cayiman leeyahay, xiriirkaas ayuuna xayawaanku uga fogaadaa ama ku aqbalaa. Waa sida uusan Eygu u oggolayn in uu gurigaa soo galo maadaama aad taas darteed u garaacday oo aad u xanuujisay ama uu kuugu soo ordo oo uu kuugu ciyaaro haddii aad sidaa ku rabbaysay.

ay e, waa fal aadane oo baraxtiran oo aanay habdhaqanka xayawaanku meelna ka soo gelin. Bulshada lo'da ee uu Daarwin ka sheekeeyay weligood falkaan oo kale waxba iska ma aanay xarrimin, kumana aanay waantoobin malaayiintii hore ugu go'ay dagaalkaan hooyada la isku haysto, dhaawacyada ku dhacay ee muuqdana kama aanay horjoogsan in ay sii wadaan ilaa inta laga gaarayo dhammaadka ay kala caddaanayaan guusha iyo halaaggu.

Haddaba, aadanuhu waxa ay awoodaan in ay doorashadooda isaga xaareemeeyaan-nafcigeeda dambe ee aan loo jeedin ama aan la taaban karin awgeed, qaybo ka mid ah xarakaadka abuurta ah ee aysan xayawaanku iska xaaramayn karin. Taasi waxay u baahan tahay in ay gudahooda ku wataan awood isxakamayn-ama kawin iyo gubid sida uu Haksali ku sheegay, waana awood sida uu Haksali leeyahay sooc ah oo aanay haysan cid aan aadanaha ahayn.

Waxaa mar saddexaad ku jira: ilmihii waxay goosteen in ay iskaalmaystaan halkii ay islayn lahaayeen, waana arrin aan faallayn u baahnayn.

Annagu ilaa hadda ma rumaysnin sheekabaralayda Farooydh. Wadiiqada aan u marayno sugidda aadannimada aadanahana kuma dhisayno xujooyin sheekabaralay ah sida ay sameeyaan saynisyahanno saynisku biyadhigay! Taariikhda aadanaha ee waaqiciga ah ayaa hodan ku ah caddaymaha aadannimadiisa. Keliya waxaan doonaynay in aan niraahno: xataa sheekabaraladaan foosha xun ee xambaarsan suuro dadka laga bixiyo tan ugu qurunsan ayaa ay aadannimada aadanuhuna ku bigaaraysan tahay.

Waxaan jecelnahay in aan halkaan ku xoojinno xaqiiqo aannaan u baahnayn xoojinteeda haddii uusan jireen muranka dheer ee ballaaran ee ka dhex kacay aragtiyihii yurub ku legdamayay, kaa oo dadkii doodayay u gudbiyay xagjirnimo ba'an, oo midiba dacal qaddiyadda inta ku dhego uu ilaa halka ugu dambaysa u jiidanayo.

Marka aannu xoojinayno dadnimada aadanaha, macnaheedu ma aha in aan dafirayno dhinaca xayawaannimo ee ku uuman.

Maya, dhinac xayawaannimo waa shaki la' in ay aadanaha ku uuman tahay. Waa xaqiiqo. Laakiin dhinaca dadnimaduna sidaa oo kale waa ay ku uuman tahay. Kumana uu koobna caqliga qofka, naftiisa iyo ruuxdiisa ee ah dhinacyada uu kaga soocan yahay xayawaanka e, sidaa oo kalana waxa ay ku jirtaa sida uu baahiyihiisa isaga haqabtiro qaabka dadka ee aan ahayn habka xayawaanka.

Wuu cunaa, cabbaa, martaa, degaa, baahidiisa gutaa, dareennadiisa jinsina wuu ajiibaa. Intaa oo dhan qaabka dadka ayaa uu u sameeyaa. Waa qaabka hagaajiya haqabtirka baahida, kuna meegaarta aadaab xaddidan oo kakanaanteeda dabcisa, macnihii baahi ee ay siddayna khafiifisa, kana dhigta habdhaqan iyo aadaab sarrayn u keenta, doorashana leh.

Sidaa ayaa ay dadku sameeyaan. Sidaa ayayna dadku ku kala fadli bataan, jiilna uu jiil ugaga fiicnaadaa. Mar walba oo ay dareemmadu hufmaan, habdhaqankuna nadiif noqdo, baahiduna ay ka baxdo khasabkeedii sandullaha ahaa ee ay noqoto habdhaqan hufan oo ay naftu u door leedahay, ayaa ay aadanuhu noqdaan kuwo horumaray oo ka fog xayawaannimo. Mar kasta oo ay aadanuhu u hoobtaan dunida baahida oo wadata qallayfkeeda oo dhan, karkeeda oo idil, aysan dib dambana u noqon kuwo doorta qaabka ay isaga haqabtirayaan, taa beddelkeedna ay noqdaan kuwo isaga bi'iya ayada oo ay dabada ka riixayso abuurtii nafeed ee tooska ahayd iyo habkii abuurtaas, waxa uu noqonayaa mid xaywaannimada ku dheggan, dhulka biliqsan, dibusocdna ah, una sii socda bahalnimo, cawaannimo, dibdhac, iyo mugdi.

Sidaa ayaa uu ahaa dareenka uu aadanuhu naftooda ka qabeen iyo sida ay dhaqankooda u arkaan jeer ay gacantii Daarwin iyo Farooydh ay ku hanuuneen in aanay u bannaanayn sidaa in ay yeelaan, maxaa yeelay? Waa xayawaan!

Maaddinnimadii aadanuhu se-waxaan ujeednaa in lagu koobo dareemayaashiisa iyo maaddada hareerihiisa ah e, waxay u muuqatay-sida uu Haksali qabo, natiijo maangal u ah aragtida Daarwin ee xayawaannimada dadka. Xayawaanku waxa uu ku xadaysan yahay dareemayaashiisa tiiradooda, sidaa darteedna aadanaha xayawaanka ah waxa uu sidaa oo kale ku xadaysan yahay maaddada hareeraha ka ah iyo waxa ay dareemayaashiisu gartaan.

Sidaa ayaynu sidoo kale laba reer Haksali ah u daynaynaa in ay deedafeeyaan andacoodkaan baadilka ah, walow ay yihiin mulxidiin aan gaarayn in ay qirtaan awoodda aadanuhu kula xiriiri karo Ilaahay:

Juuliyaan Haksali waxa uu leeyahay: tijaabooyinka

sida kuwii uu Been Terayl[9] ku sameeyay dareenka ayada oo aan la adeegsanayn dareemayaasha, kuwii uu Gilbet Muurray uu ku sameeyay gudbinta afkaarta, qoraalka badan ee waqti ka waqti laga qoro akhrinta afkaarta iyo saadaalinta mustaqblka, waxay tusinayaan in dadka qaarki ay awood u leeyihiin ogaalka lagu helo tub aan ahayn tan caadiga ah ee marinka dareemayaasha lagu ogaado.'

Aldoos Haksali[10] oo asna mulxid ah walow uu walaalkii ka mulxidnimo yar yahay waxa uu leeyahay: ma jirto meel dambe oo aan uga baxsanno qiridda in dadka qaarki ay ku hubaysan yihiin awood ka baxsan tiirada dareemayaasha oo ay ku ogaadaan waxa aan la ogayn-yaannaanba aqoon qaabka ay hawsha ogaanshaha iyo xuusashadu u dhacaan e. Keennee ayaa awooda in uu ogaado sida ay u hawlgasho mucjisada ogaanshaha ama xusuusashadu? Sidaa oo kale ma ogin sida ay saadaalinta mustaqbalkuna ku dhacdo, laakiin sidaa oo jirta haddana waa xaqiiqo saynis.' Deetana waxa uu gabagabada hadalkiisa soo qaatay oraah uu leeyahay Dr. Raayn[11] oo ka mid ah saynisyahannada baaritaannadaan ku shuqlan, kaa oo yiri: xaqiiqooyinkaani waxay si tartiibtartiib ah inoo gelinayaan caalamka diinta.

---

9 Hore ayaan ku soo marnay oo aan asalkii ka soo saxnay. T

10 Qoraa caan ku ahaa qoridda riwaayadaha, sheekooyinka gaagaaban, sinaariyada filimmada oo reer Ingiriis ah oo noolaa 1894-1963. Wuxuu ahaa Parasychologist[laan aqooneed khasaaro ah], Suufi falsafadeed, neceb dagaallada, kuna fooggan masalooyinka aadantinnimada. Ku dhawaad xilliga geeridiisa ayaa golayaasha aqoonta looga aqoonsaday in uu yahay hoggaamiye fikirka aadannimo ee casriga iyo aqoonyahan xeeldheer. Saamayn xoog leh ayaa uu kaga tegay Jooj Orwil. T

11 Ma helin, walow ahmiyad yaridiisa halkaan aanan aad u sii baarin.T

Erayadaan halkaan ugu ma soo qaadanayno si aan uga dhiganno caddaymo muujinaya tiiro dheerida dadka iyo in aanay ku koobnayn badweynta maaddada iyo tan dareemayaasha. Maya, Wax baahi ah uma qabno in cilmiga tijaabada ku dhisan uu arrintaan nooga maragfuro, markhaatiyada la taaban karo ee nolosha dadkuna uma baahna caddayn. Waxaan halkaan ugu sheegayno, keliya waa in aan niraahno: xataa cilmiga maaddada ku dhisan ee gaalka ah wuu awoodi waayay in uu aadanaha ku joojiyo xuduuddaan ciriiriga ah ee ay Daarwinnimadii hore ku uruurisay wax ka badan qarni.

Aadanuhu waxay la yaabayaan bacdamaa ay gudubtay muddada intaa le'eg ee jaahliyada madow ah ee ku dhisan magaca sayniska sida ay dadku u hoobteen ee ay sidaan ugu jabeen, naftooda iyo awoodahoodana ay u dafireen, ayna u yuururaan ayaga oo hareeraysan oo aan awoodin in ay buubaan oo ay dhaqaajiyaan!

Bacdamaa ay muddada intaa le'eg ee jaahiliyada mugdiga ah ay gudubtay, waxa uu qofku la yaabayaa sida ay aadanuhu sidaa ugu jabeen ee ay inkireen naftoodii iyo awoodahoodii, ayna u yuurursadeen ayaga oo naafo hawlgaba ah xilli ay awoodaan in ay bidaan oo ay hore u socdaan. Sidee ayaa ay isaga awdeen ilaha ogaalka marka laga reebo hal wadiiqo oo si walba oo ay waasac u tahay ciriiri ah, si walba oo ay kulmis u tahayna waax ah, si walba oo ay u gundheer tahayna aan ogaan karin wax ka durugsan muuqa walxaha. Sidee ayaa uu u jarayaa xiriirkiisa awoodda sare oo uu u durkayaa sida ay u kala durkaan dixiriga, halaqyada iyo walxuhu, asaga oo weliba awood u leh in uu la xiriiridda awooddaan ku ballaariyo noloshiisa, naftiisa iyo xiriirka uu la leeyahay nolosha iyo koonka, iyo in uu aadamaha walaalihiis ah kula noolaado soo dhawayn ballaaran oo dareenka iyo shaqadaba ah, dhufayskii galgacaylka isweydaarsiga iyo iskuxirnaanta caqiido ee Alle dartii ah.

Sidee bay ku dhici lahayd haddii jabkaan loogu hoobtay dunida xayawaanku uusan ahaadeen jab uu saynisku dabkiisa afuufayo, sheydaankuna uu barakaynayo?

Aadanuhu waa noole weyn oo mucjiso ah, mucjisadiisa ugu weynina waa isku qooshidda yaabka leh ee dhoobada iyo nafta sarraysa ee uu Alle ku afuufay. Waa xantoobo ciid ah oo isugu jirta curiyayaasha ciidda: xadiid, naxaas, kaalshiyoom, foosfor, oksijiin, iyo haydarojiin. Sidaa oo kalana waxaa ku jira hawadii dhulka iyo baahiyihiisii, neeftii Alle ku afuufay ee leh ruuxda aadanaha ee nadiifka ah ee awoodda sarraynta iyo kornoqoshada; sidaa oo kalana leh awooddii doonista xaddidaysay iyo kartidii kala doorashada[12]. Doqonnimo noocee ah ayaa uu samaynayaa qofka kala soocaya labadiisaan qaybood ee iskudarkooda matala mucjisada awoodda karaanka, deetana midkood iska fogaynaya si uu kan kale ugu kaaftoomo xilli uu wadartoodaba milkisan yahay? Aadanuhu markii uu awooddiisaan sidaa u burburinayay ee uu ku dedaalayay in uu iska furfuro, waxa uu isla waqtigaaba-xilliga dhididku uga dhammaanayay si uu u fahmo isbeddellada nolosha, ka sii fogaanayay fidrada nolosha oo dhan.

Abuurta nolosha ee gunta dheer dhammaanteed-iskaba daa dadkee, kuma ay joogsato in ay baahideeda

12 Buugga 'Qabasaad min al-Rasuul'

halka ugu dhow ka haqabtirato-sida uu Daarwin ku andoocaday asaga oo dersaya jirka noolaha e, ujeedkeedu mar walba waa hagaajinta qaabka ay u haqabtiranayso isla xilliga ay doonayso in haqabtirashadeedu ay u hirgasho. Taa oo macnaheedu yahay in aysan ku kaaftoomayn baahida e, ay quruxdana doonayso.

'Bal ka warran ubaxaan qurxoon ee caraftiisu xad-dhaafka tahay ee midabbadiisu ay isgarbinayaan?

Ma baahi baad u moodaysaa?

Waxay dhaheen: Shinnidu ha jamato si ay u samayso malab quud iyo dawo u ah dadka. Sidoo kalana ha caawiso awrdhabidda dhirta.

Ma sidaa baad u moodaysaa? Marka laga eego dhanka Shinnida ma baahi baa keentay in ubuxu sidaa dhan u qurxoon yahay?

Maya, Allaan ku dhaartaye. Shinnidu waa noole isdhuldhiga. Waxay ku degtaa ubax udgoon oo aad u qurux badan sida ay ugu dagtaba ubax quruxdiisu caadi iska tahay.

Haddaba, quruxda ubaxu baahi ma aha. Dhammaan ujeeddooyinka bayaloojina waxaa suuragal ah in sida ay ubax caadi ah uga dhex dhacaan oo kale ay uga dhacaan ubaxa ugu qurux badan.

Soo u ma jeeddid dabiicadaan?

Soo u ma jeeddid casaanka qorrax soobaxa iyo waaga cusub quruxdiisa?

Soo ma aragtid irikigga buuraha nafta ashqaraarinaya, dareenkana ruxaya?

Soo u ma jeeddid badda aan dhammaadka lahayn ee hirarkeedu iskudhacayaan ee aad habeenkii arkaysid ayada oo xasiloon oo aad mooddid in ay deggan yihiin rooxaan ama cirfiidyo?

Habeenka dayaxu jiro ma dhadhansatay? Ifkeeda ma ku dhadhansatay dhadhanka waqti saxarka [oogga wax yar ka hor] , harkeeda se, rooxaanteeda wareegaysa iyo sheekadeeda hamhamta ah se?

Waxaa soo dhan ma baahi baad u malaynaysaa?

Halkee baahidu ka soo galaysaa giddigood, oo nolos-huba waa suuragal waana la karaa quruxdaan la'aan-teed e?

Ma aragtaa wajigaan indhadaraandarka ah? Labadaan indhood ee eegmada deggan ee aadka u gundheer, xubnaha isudheellitiran, macaanida laga dheehanayo, ruuxda ka soo dhalaalaysa duuduubka wajiga?

Waxaas oo dhan ma baahi baad u qabtaa? Maxay tahay baahidu?

Dhammaan hawlaha bayalooji ee cunid, cabbid, iyo neefsasho leh miyaanay wajiga ugu quruxda badan iyo kan ugu foolxun isku si uga dhacayn?

Iskaba daa e, dhawaqa jinsiga laftiisu, miyaanay lab iyo dheggigba isku si uga dhicin ayada oo aan la eegayn quruxda?

Maya, maaha baahi.

Keliya waa qurux.

Waa qurxinta haqabtirka e, maaha haqabtirasho qura.

Taasi waa abuurta nolosha sidii uu Alle ugu abuuray; waa fidrada dabiicada'[13]

Taasi waa abuurtii ay aadanuhu illaabeen ayaga oo raadinaya muuqaallada itus-oo-i-taabsiida ah ee walx-

13 Buugga "Qabasaad min al-Rasuul' cutubka: walyurix dabiixatahu.

aha, wuxuu kale oo la illaaway naftiisii oo wuxuu u hoobtay dunida baahida. Waxa uu ku gaabsanayaa in uu baahidiisa ka haqabtirto halka ugu dhaw, danna ka uu yeelan mayo wajaajinta qaabka uu haqabtiranayo. Wanaajin xambaarsan macnaha hufidda iyo sare u kaca.

La yab ma leh. Kolka uu qofku Alle ka weecdo, sidaa oo kale waxa uu ka weecdaa abuurta, waxa uuna ku negaadaa mugdiga ilaa ay dhoobadu ka qurmayso; Alle ayaan ka magangalnay e.

Taasi waa qaddiyadda xayawaannimada ee ay aragtida Daarwin ka ambaqaadday, intaasina waa halka ay xaqa ka joogto iyo inta ay baadinnimada ka gaartay.

Qaddiyadda labaad ee ka dhaltay aragtidaas waa qaddiyadda horumarka joogtada ah ee meesha ka saaray qodobka negaanshaha.

Aragtida horumarku way ku cusbayd fikirka reer Yurub dhammaadka qarnigii toddoba iyo tobnaad iyo kii siddeed iyo tobnaad. Waxay ahayd damaashaad caqli oo ay saynisyahannadu isla lafaguraan oo ay wax ka qoraan, laakiin ma aanay yeelan muuqeeda kakan ilaa ay soo baxday aragtida Daarwin oo u noqotay hiil saynis oo ay awal la'ayd. Hiil ka yimid gunta abuurta nolosha. Kolkaa ayaa ay si dhab ah u qabsatay fikirka saynisyahannada, halkaana waxay uga sii gudubtay dadweynaha oo u qaabbilay si doqonnimo ah, waxayna qabatimeen in ay wax walba oo dhulka lagu hayo ayada ku fasiraan. Sida daran ee ay u doqomoobeenna, waxay ismoodsiiyeen in noloshu xeer la'aan tahay, koonkuna qawaaniin la'aan.

Fikirka diineed, gaar ahaan waxa uu casriyadii dhexe ku dheggana fikradda negaanshaha jeer uu ka dhigay caqiido kolkii ay wadaaddada diintu moodeen in negaanshaha Abuuruhu-xumi ka hufnaaye iyo negaanshaha ujeedka uunku ay ka dhigan yihiin in wax kasta ay negi yihiin, taa oo ayaduna ka dhigan negaanshaha aadanaha, nidaamkooda, caadooyinkooda, dhaqannadooda, iyo wax walba oo xiriir la leh noloshooda. Sida aan cutubkii hore ku soo sheegnay, waxaa malahaan ku sii kediyay fikraddii negaansho ee aqoontii waagaa shaacsanaha ku ahayd. Sidaa darteed, fikraddii horumarku bacdamaa ay ka sugnaatay dhanka sayniska, waxay noqotay jug dheellitirkii ka qaadday, hortooda ayaa ayna u yaaceen ayaga oo isu haysta in ay hanuunsan yihiin!

Taasi waxay ahayd qarnigii toban iyo sagaalaad! Halka ay aqoonyahankii muslimiintu ay toban qarni ka hor si cad u kala saareen farqiga u dhexeeya negaanshaha Khaaliqa-xumi ka hufnaaye, iyo horumarka uumiyihiisa.

Daraybarkii[14] ameerikaanka ahaa waxa uu buuggiisa "Sooyaalka loollanka diinta iyo sayniska[15]" uu ku leeyahay: waannu amakaagnaa markii aannu buugaagtood-

14 John William Draper waa ingiriis-ameerikaan dhashay 1811-kii, dhintayna 1882-dii. Saynisyahan, faylasuuf, fiisikisyahan, kimistariyahan, taariikhyahan iyo sawirle 1840-kii sameeyay sawirkii ugu horreeyay ee dayaxa oo faahfaahsan.. Wuxuu ahaa madixii 'american chemical society' iyo asaasihii iskuulka caafimaadka ee Newyork 1876-77. T

15 History of the Conflict between Religion and Science. T

ii ku aragno waxaan u qabnay natiijoyinka sayniska ee casrigaan. Waxaa taa ka mid ah in aragtida horumarka iyo horukaca ee loo haysto aragti cusub lagu baran jiray dugsiyadooda. Waxay gaareen meel aad uga durugsan halka aannu gaarnay oo waxay sidoo kale ku dabbaqeen ma noolayaasha iyo macdanta'

Sidaa oo kale waxay muslimiintu si cad u dareemeen horukaca nolosha aadanaha, waxa uuna Ibni Khladuun Muqaddimadiisa-oo sida dhabtaa ah buug cilmi bulsheed weliba sida casrigaan loo yaqaanno, uu ku tilmaamayaa horukaca bulshooyinka, saameeyayaasha kala duwan ee horseeda horukaca. Sidoo kale, fiqiga islaamka laftiisu waxa uu tijaabo fulin ah u yahay fikradda horukaca dadka. Waxa uu sidaa ku noqdayna waa shaqadiisa joogtada ah ee ah in uu xal cusub oo laga la soo baxay seeska diinta iyo ruuxdeeda uu keeno si loo wajaho dhibaatooyinka aadanaha iyo baahiyahooda, ama sida uu Cumar bin Cabdulcasiis yiri: waxaa dadka ku soo biira xukunno cusub oo u dhigma inta qaddiyadood ee ku soo kororta'.

Haddii baaddariyadii reer Yurub ee joogay qarnigii toban iyo toddobaad iyo kii toban iyo siddeedaad fahamkoodu uu bisayl u ahaan lahaa sida muslimiintii qarnigii koowaad ee hijriga [kii toddobaad ee miilaadiga] cilmi baarisaha cusub kama aanay nixiyeen, ayaga iyo sayniskuna uma aanay kala dideen sida baydadkaan ugu dambayn haadaanta ka tuuray reer Yurub.

Nolosha dadku horukac bay samaysaa. Haaheey. Koonka oo dhammina horukac buu sameeyaa. Ma waxay taasi ka dhigan tahay in koonka iyo nolasha aadanuhu aanay lahayn xeerar negi?

Ceeryaamoxiddigeeddu[16] waxay isu beddelaan xiddigo. Xiddiguhu ayagoo meegaaraysanaya ayay horukac sameeyaan, way kululaadaan oo qaboobaan, way duleelsamaan oo soo dhacaan, way dheereeyaan oo way gaabiyaan, laakiin waxaas wax ka mid ah xeer la'aan ma dhacaan, wax ka mid ahna ma dhacaan ayaga oo qaanuunka khilaafsan. Waa qaanuunka uu saynisku hadba dacal yar ka daahfurayo kolka uu wadiiqadii helo, qalabkiina u sahlanaado.

Aadanuhu way horukacaan, noloshiisuna maalin ka maalin waa ay isbeddeshaa. Wax cusub ayaa uu maalin walba keenaa. Laakiin sidaa oo ay tahayna qaanuunka ayaa uu u hoggaansan yahay. Qanuunkaa laftiisa ayaa koonka iyo noloshaba xukuma.

Koonku horukac buu sameeyaa se, dabeecaddiisu ma isbeddeshaa? Miyaa ay isbeddelaan waxa uu ka samaysan yahay ee awood ama awoodo isutegay ah?

Maya! Saynisyahan sidaa yiri ma jiro. Waxa keliya ee isbeddela waa muuqiisa iyo xaaladihiisa, joohartiisuna[17] sideeda ayaa ay ahaanaysaa.

Sidoo kale dadku horukac bay sameeyaan e, dabiicaddoodu miyaa ay isbeddeshaa? Mise waxaa isbeddela

16 Sudum carabi, ingiriiskiisuna yahay Nebulae, soomaaliga aan soo qaataynа uu ku dhisan yahay ijtihaad Cabdirisaaq Xasan-oog iyo Mukhtaar Cali Khalaad ay sameeyeen, malaha waa walxo gaas iyo has ka samaysan oo hawada ku jira, habeenkiina la arko ayaga oo ifaya ama mugdi ah.T

17 Hore ayaan u soo sheegnay. T

muuqooda iyo xaaladahooda, joohartooduna sideeda ayaa ay sii ahaataa?

Maxaa abuurta aadanaha iska beddelay muddadii dheerayd iyo gegeddoonkiisii joogtada ahaa ee boqollaal duruufood iyo xaaladood ee la soo gudboonaaday?

Kacaankii warshaduhu waxa uu habnololeedkii bulshada reer yurub ku keenay isbeddello waawayn-isbeddello bulsho, dhaqaale, siyaasadeed, fikir iyo akhlaaqeed, waxaana bilowgii hore ee isbeddellada degdeggaa ee isdabajoogga ah ay u qaateen in waxa dhacay ay yihiin wax gebi ahaanba ugub ah, wax la mid ahna aanay hore u dhicin, deetana sidaan bay ismoodsiiyeen: in ay yihiin uun cusub oo uusan wax xiriir ah ka dhexayn ayaga iyo uunkii ka horreeyay, aanay isuna ekayn. Haddaba, wax isku xira nolosha dadku ma ay laha, mana uu jiro noole negi oo la dhaho dad.

Haddii ay intaa ka caqli badnaan lahaayeen oo ay ka miisaannaan lahaayeen ama fikradda horukaca ay hore ula soo qabsan lahaayeen-sidii fikirka islaamka loogu qabatimay, sidaa oo dhan uma aanay talaxtageen, ismoodsiiskaan halista ahna kuma ay sirmeen.

Maxaa iska beddelay abuurta aadanaha intii lagu jiray mowjadahaas is hardinaya ee kacaankii warshaduhu uu kiciyay?

Miyaa ay isbeddeshay daydaygiisii quudka ama jinsi dooniddiisii ama nabad raadintiisii ama goobiddiisii hormuudnimada iyo soocnaanta?

Miyaa ay isbeddeshay samaysinkiisii nafsadeed ee lahaa diraalladiisii abuureed ee kacsanaa, awooddiisii isxakamayneed ee baraarug ama baraarug la'aan ahayd ee ama xoogganayd ama taagta darrayd ama hawlqabadka ahayd ama hawlgabka?

Joogitaan jacaylkiisii miyuu isbeddelay? Jacaylkiisii siijiritaanna? Ogaal raadintiisiina? Waaritaan jacaylkiisiina?

Tani miyaa ay weligeed isbeddelaysaa? Mise waxaa isbeddelaya muuqaallada iyo xaaladaha, joohartuna isbeddel la'aanteedaas bay sii jiri?

Wax ina qabta maaha in ay ina siraan kala duwanaanshaha dalabaadkeenna iyo duruufaheennu, oo muuqaallada iyo qaababka uun weeyaan waxa sida dhabta ah kala duwanaanaya, laakiin se baahiyaheenna asalka ah iyo werwerradeenna asalka ah isma beddelayaan. Waa kan noolaha lagu magacaabo 'dad'.

Dadku raashin bay u baahdaan, waxay cunaan ka ay loogteen oo ceeriin ama caws arlada ka baxay ama waxay si caadi ah u cunaan asaga oo karsan oo waa ay rudaan asaga oo aan agab haysan ama si reer magaalnimo ah oo dhimrin iyo degganaan leh ayaa uu xeero qurux badan ku cunaa asaga oo adeegsanaya fargeeto, qaaddo iyo sakiin .

Maxaa isbeddelay? Ma qaabka uu isuhaqabtirayo mise cunto jacaylka guntiisa ku duugan?

Baahi jinsi baa qabata, suu sida duurjoogta ayaa uu u gutaa ama si caadi ah oo degdeg ah ama si heersare ah oo kaftan iyo qaabab leh. Waxa uu fushaa asaga oo dhuumanaya oo aaskii madoobaaday wax yar ka xadaya ama waxa uu gutaa asaga oo nafsi ahaan xasiloon oo shareecada iyo qaanuunka dugsanaya. Maxaa isbeddelay? Ma qaabka uu isaga haqabtiray mise baahida jinsi ee ku duugan?

Aadanuhu waxa uu u baahanayaa hoy, deetana waxa uu buul tiirarka geedaha laga dhisay uu ka taagtaa duurka, tuuladana waxa uu ka dhistaa guri dhoobo ama bulukeeti laga dhisay, magaaladana waxa uu ka taagtaa sar lagu qalabeeyay qalabka iyo agabka ugu casrisan. Maxaa isbeddelay? Ma waxaa isbeddelay baahidii hoyga mise qaabka iyo habka?

Aadanuhu waxa uu u baahanayaa in uu dhar u xirto si uu isu qurxiyo iyo in uu aafooyinka jawiga iska ilaaliyo iyo sababo kale. Marka uu kaynta joogo waxa uu go' ka samaysanayaa haragga, marka banka uu joogana gardhada, marka qabowga la joogana suufka, magaaladana go' laga sameeyay dun midabbo kala duwan. Maxaa isbeddelay? Ma waxaa isbeddelay baahida dhar xirashada mise muuqa iyo qaababka?

Dadku waxay u baahanayaan wax ay ku raaxaystaan, deetana caleemaha geedaha ayaa ay mar gogol ka samaysanayaan, marna baalasha goroyada, marna dun la fidiyay oo qori lagu garaacay si ay isu qabsato, marna joodari. Maxaa isbeddelay? Ma waxaa isbeddelay baahidii raaxada mise agabkii iyo qaabkii?

Aadanuhu waxa uu ka baqaa geeri, waxa uu uga ga baqaa duurka, tuulada, magaalada, berriga, badda iyo hawada, waxa uuna taa darteed yeeshaa dareenno, xeelado iyo taxaddar kala geddisan. Maxaa isbeddelay? Ma cabsida guntiisa ku uuman mise muuqa iyo qaababka?

Waxay ninka ismaandhaafaan xaaskiisa. Waxay ku murmaan in aanay u keenin aashuunkii uu biyaha ka cabbi lahaa, ama waxaa ay ku murmaan in ay ku adkaysatay in eygeeda qoyan uu gogosha kula seexdo ama waxay sababtu tahay in ay aaddo meeshii ay doonto ayada oo aan ogaysiin ama uusan u fasixin. Haddaba, waxa isbeddelay ma muuqaa mise qaddiyaddii waaraysay baa isbeddeshay? Qaddiyadda ninka iyo naagta. Koodee ayaa madaxnimada iyo xakamaynta leh, sida caadiga ahna dooni laba naakhuude ma yeelato!

Aadanuhu waxa uu u rafaadaa sidii uu u noolaan lahaa. Duurka ugaarsi buu ku noogaa, dhulka beeriddiisuu ku silcaa, xafiisyada dawladda ayuu ku dhibtoonayaa, waxa uu ku rafaadaa shaqada warshadda. Maxaa isbeddelay? Ma qaababkii noogidda mise waajibka aan la hurayn?

Intaa iyo intaa in aan ahayn ee boqollaal dareen, boqollaal fikir iyo boqollaal shaqo ah.

'Aadanaha waxaa ku uuman curiye negi oo aan isbeddelayn si walba oo ay duruufuhu isu beddelaan, nolosshiisa arladuna ay u doorsoonto, maxaa yeelay waxa uu ku xiran yahay xaqiiqo soojireen ah oo isbeddelku uusan ku dhicin. Taa la jirkeedana waxaa ku uuman curiye isbeddelaya. Ama dheh: muuqaallo isbeddelaya oo ka mid ah jooharadda negi iyo xaaladda horukaceed ee abuurta negi ay samaynayso, laakiin se isbeddelkeeda iyo horukaceedu dadka kama saarayaan in ay aadane yihiin, hal ilbiriqsina kama uu soocmayo abuurtiisa negi, sababtuna waa midnimada nafta aadanaha iyo isku xirnaanteeda, iyo in ay koobsatay wax walba oo uu aadanuhu leeyahay.

Abuurktiisa waxaa ku jira xaqiiqooyin waaraya:

Waxa uu ku yimid doonista Alle: *[Nebiyoow] xus mar*

uu Eebbahaa malagyada ku yiri: dhulka waxaan u samaynayaa madax'[18]

In dadka dhammaan laga uumay hal naf: *dadoow, ka yaaba Eebbaha idin ka uumay hal naf.'*[19]

In naftaan-jinsigeeda, uu ka abuuray xaaskeedii dhammaystirayay, la kulmayay ee u qalmay: *waxa uu idin ka abuuray naf keligeed ah oo uu ayada ka uumay xaaskeedii'* [20]. *'Waxaa calaamadaha jiritaankiisa lagu garto ka mid ah in uu nafihiinna idiin ka abuuray xaasas si aad ugu xasishaan, waxa uuna idin dhex dhigay kalgacayl iyo naxariis'.*[21]

In naftaan iyo xaaskeeda ay uunka oo dhan, qabiillada iyo shucuubtuba ay ka farcameen: *waxa uu idin ka abuuray naf keligeed ah, waxa uuna labadooda ka firdhiyay rag iyo dumar farabadan'*[22]. *'dadyahow , waxaannu idin ka abuurnay lab iyo dheddig, waxaannuna idin ka dhignay shucuub iyo qabiillo si aad isu aqoonsataan; Alle agtii waxaa idiin ku sharaf badan kan idiin ku cabsi badan'*[23].

'Aadanuhu wa xantoobo ciid ah iyo ruuxdii Ilaahay ee lagu afuufay. Waa xantoobo ciid ah oo isugu jirta curiyayaasha ciidda ee maaddiga ah ee leh: xadiid, naxaas, kaalshiyoom, foosfor, oksijiin, iyo haydarojiinta, sidaa oo kalana waxaa ku jira hawadii dhulka iyo dirayaashii dhulka. Neeftii Alle ku afuufay ee leh ruuxda aadanaha

18 Suuradda al-Baqarah: 30
19 Suuradda al-Nisaa': 1
20 Suuradda al-Nisaa': 1
21 Suuradda al-Ruum: 21
22 Suuradda al-Nisaa': 1
23 Suuradda al-Xujraat: 13

ee nadiifka ah ee awoodda u leh sarraynta iyo kornoqoshada, sidaa oo kalana leh awooddii doonista xaddidaysay iyo kartidii kala doorashada: *adanaha waxaannu ka abuurnay candhuuf la ga soo soocay ciid*[24]'.[25] '*markii aan ekaysiiyo ee aan ruuxdayda ku afuufo u sujuuda'.*[26] '*waxaan ku dhaartay nafta iyo wixii uu ku uumay. Waxa uu ku duway faajirnimadeeda iyo Alle-ka-cabsigeeda. Waxaa liibaanay qofkii nadiifiya. Waxaa hoogay qofkii halleeya'.*[27]

Taasi waa curiyayaal negi oo aan isbeddelayn si walba oo ay muuqaallada noloshu isubeddesho.

Taa la jirkeedana waxaa ku uuman curiye isbeddelaya. Ama dheh: muuqaallo isbeddelaya oo ka mid ah jooharadda negi iyo xaaladda horukaceed ee abuurta negi ay samaynayso, laakiin se isbeddelkeeda iyo horukaceedu dadka kama ay saarayso in ay aadane yihiin, hal ilbiriqsina kama ay soocmayaan abuurtooda negi, sababtuna waa midnimada nafta aadanaha iyo isku xirnaanteeda, iyo in ay koobsatay wax walba oo uu aadanuhu leeyahay.

'Waxaa xaqiiqooyinka waaraya ka dhashay xaqiiqooyin kale oo sidooda oo kale noqday kuwo waaraya, joogto ah oo aan isbeddelayn.

Waxaa ka dhashay in dadku-waa inta ay abuurtoodu nadiifka tahay e, ay dareemaan weynida Ilaahay marka ay tabaryaridooda e u eegaan, deetana ay sidaa ku

---

24 Waa aadan oo asalka ciid la ga sameeyay.
25 Suuradda al-Mu'minuun: 12.
26 Suuradda al-Xijri: 29
27 Suuradda al-Shamsi: 7-10.

caabudaan oo ay nolosha u kaalmaystaan.

Waxaa ka dhashay in labada isqaba ee uu halka naf ka uumay ay dareemaan hilow iyo in ay isku tolnaadaan iyo in jiritaankoodu uusan ku dhammaystirmayn wax aan ka ahayn in ay midoobaan, isu gacaloodaan oo ay isu naxariistaan.

Waxaa ka dhashay in marka uurka dadku fayow yahay ee nafahooduna ay nadiifka yihiin ay dareemaan walaaltinnimada aadannimo, ileen dhammaantood waxay ka soo jeedaan hal naf oo dhammaan rixim la ah, deetana ay iskaashadaan oo ay kheyrka wadaagsadaan.

Taasi waa curiyayaal joogto ah, sababtuna waa in ay ku taagan yihin seesyo joogto ah[28].

Taasi waa asaasyada ay ku dhisan tahay caqiiqadu, sidaa oo kalana ay akhlaaqdu ku qotonto.

Rumaynta Eebbe waxay ku uuman tahay oo ku negi tahay nafta aadanaha. Waa curiye gunta hoose ee abuurtooda ku duugan, dadkana ku duwda Abuurahooda haddii aanay xitaa ku baraarugin. Weecashada uu ku dhaco waa uun ka weecasho qaabka uu Alle u sawiranyo la xiriirta e, ma aha in uu ka weecday rumaynta in ay awood uun wax abuurta oo karaan leh ay jirto, ayna tahay tan abuurtay koonka, nolosha iyo dadka[29]. Shaqada joogtada ah ee Nebiyada iyo Ergada Eebbe waa in ay

28 Buugga ‘Qabasaat min al-Rasuul’

29 Kuwa aan asalkaba rumaysnayn jiritaan Alle uumay uunka waa in yar oo fadaq ah oo aan la tirsan.

aadanaha ku toosiso suuraysiga Eebbe ee xaqa ah, kaa oo ay dabadeedna ka soo burqanayaan dareennada qumman, habdhaqanka san iyo isnadaamin fayow.

Caqiidadaani horukac ma aanay samayn sida uu ku andacoonayo fasirka maaddi ee taariikhda ama cilm-ibaaritaannada bulsho ee la soo saaray labadii qarni ee u dambaysay. Caabudidda aabbaha, doodamka iyo sanamyadu ma aha horukacii caqiido ee ugu dambayn soo gaaray towxiidka. Tani waxa keliya ee ay ahayd waa weecasho ay dadku caqiidada saxda ah kaga lumeen waayadii kala duwanaa. Sax ma aha-taariikh ahaan, in ay dadku soo mareen taxane isku xiran oo caqiidooyin baadiya ah oo aakhirkiina towxiid noqday. Waxa taariikh ahaan u sugan keliya waa in ay dadku soo mareen heerar kala dambeeyay oo hanuun iyo dhumid ah, towxiid iyo shirki ah, rumaynta Alle aan uunka u ekayn iyo mid jirka dadka loo ekaysiiyo.

Dhammaan horumarka aadanuhu ma uu taabto curiyahaan ku negi jooharta koonkaan iyo gunta hoose ee aadanaha marka laga reebo xilliga ay ka weecdaan suuraysiga saxdaa, oo xitaa markaas horumarku muuqaalka uun buu ku ekaadaaye seeska uma tallaabo.

Nolosha dadku-si walba oo ay duruufahoodu u kala duwan yihiin ee ay xaaladahoodu horukac u sameeyaan, laba xaaladood iska soohorjeeda kama ay baxsana, xanuun ama baadinnimo xagga suuraysiga ah. Caqiido toosan ama caqiido ka weecsan jidka toosan.

Nolosha dadku-si walba oo ay duruufahoodu u kala duwan yihiin ee ay xaaladahoodu horukac u sameeyaan, labadaa xaaladood ee iska soohorjeeda kama ay baxsana, kuwa ku nool magaalooyinka iyo kuwa keynta ku noolna waa isaga mid.

Sidaa darteedna nolosha aadanuhu waxay sida dhabta ah martaa laba heer oo isdabajooga oo kala duwan: ama waa hanuun ama waa habow.

Heerarka fasirka maaddi ee taariikhdu sheegayo ee uu na moodsiinayo in nolosha dadku ay leedahay xarriiq kor u socota, weligeedba kor u socota, abidkeedna hore u socota, heerarkaani muuqa ayaa ay sawirayaan, guntana hoos uguma daadegayaan. Waxay sawirayaan horukaca maaddi ee nolosha aadanaha, laakiin se ma tilmaamayaan xaqiiqada nolosha dadka.

Waxaa jira hal gef oo weligiiba kor u socda, waana gefka sayniska, sababtuna waa in uu dabci ahaan sidaa u samaysan yahay. Tillaabo kasta oo la qaado waxay kuu gudbinaysaa tan ka dambaysa; wax ayada ka weyn. Laakiin xarriiqda nafsaddu sidaa ma aha. Weligeedba kor uma socoto, tiiro toosanna kuma ay socoto. Inta taariikhdu socoto kor bay u baxdaa oo hoos bay u soo dhacdaa, way toostaa oo way qalloocataa, way hanuuntaa wayna luntaa: *'aadanaha waxaan ku abuurnay habka ugu wanaagsan.' Ka dibna waxaannu u celinaynaa inta hoose halka ugu hoosaysa'* [30]. Horukacaan ama isbeddelkaan halka uu ku meegaaraysanayo waa caqiidada qalloocan ama caqiidada toosan. Waxay sidaa u tahayna waa in qofku dareemayo naftiisa, uuna ku baraarugsan yahay awoodaha kala geddisan ee lagu uumay, iyo qaabka uu nolosha u eegayo.

Horukaca maaddo ee socda, horukaca dhaqaale,

30 Suuradda al-Tiin 4-5.

horukaca saynis, dhammaantood saamayn kooban ayaa ay nafta aadanaha ku keenaan, deetana kuma sii waaran e durba way ka ba'aan oo nafta ayaa iska laalla-adisa, waxayna ku noqotaa caadadeedii, wixii ay la qabsatay iyo abuurteedii gudeed ee xukumayay, si la mid ah sida uu jirku ula qabsado dawada cusub, muddo ka dibna saamaynteedii inta la waayo aan wax dambe jirka u tarin.

Isbeddelka dhabta ah waa kan ka yimaada gudaha nafta, fikirradeeda iyo dareennadeeda, sida ay isu aragto, waxa ku hareeraysan ay ka aamminto, sida ay shaqooyinkeeda iyo yoolasheeda u xaddiddo, sida ay u qaddariso kaalinteeda iyo madaxnimadeeda.

Waa kan isbeddelka xaqa ah e, ma aha baabuurka ama diyaaradda ama dameerka.

Halbeegga xaddaaradda iyo halbeegga horumarku ma aha wax uu caqligu ka sameeyo walxaha warshaduhu sameeyaan, mana aha waxa uu saynisku garowsado. Laakiin se waa sida uu waxyaalahaas oo dhan ugu saamoobo, iyo xaddiga uu uga saramaro ama uu hoos uga ga dhaco halbeegga aadanaha ee ka duwan halbeegga xoolaha.

Halbeegga horumarka ama dibudhaca marka laga istaago dhanka aadanaha waa ilaa xaddiga uu u hoggaansan yahay sifooyinka uu kaga soocan yahay xayawaanka, iyo sida uu ugaga fog yahay xayawaanka uuna fiinta uga baxo dhinacyada ay soocnaantiisu taabanayso. Sida uu Juuliyaan Haksali yiriba, haddii tirada iyo agabku ay yihiin waxyaalaha u gaarkaa ee aadanaha sooca ka dhigay, sidoo kalana waa sida uu Haksali yiri e, ma ay aha sifooyinka keliya ee u gaarka ah, mana ay aha kuwo ka soocan qofnimadiisa inteeda kale. Sidaa dartéedna keligeed ma noqon karto halbeegga xadaaradda iyo sidoo kale halbeegga horumarka aadanaha mar haddii aanay ku xirnayn sifooyinka kale ee aadannimada u gaarka ah ee horana u riixaysa.

'Halbeegga dhabta ah ee weynida aadanuhu ma aha raadiyaha ama tiifiiga uu hasyto, ma aha baabuurka uu fuulayo, ma aha qasaaladdan, mana aha bambada uu nolosha arliga ku burburinayo. Keliya waa saamaynta guud ee ay intaas oo dhammi ku reebaan dareemayaashiisa, caadifaddiisa, iyo abuurtiisa nafeed. Haddii uu taa ku keenayo fikrado aadannnimo oo ka ballaaran kana caamsan kuwa jira, fikrad nololeed oo ka sarraysa tan la haysto, waxaa dhab ah in uu intaa oo dhan aadanuhu ku horumaray. Laakiin haddii ay dareemmadiisu ku ciriiryamaan annaaniyaddiisa liidata, uuna dul barraaqsado raaxada ba'an ee jirkiisa, aadanuhu way hoobteen si walba oo uu hillaacaani indhaha u dafo'[31]

Waxaa taa u daliil ah, caddaynta in halbeegga dadku aanay maaddada ahayn, horukaca saynis aanay ahayn, agabka waxsoosaarka aanay ahayn, waxaa u daliil ah yurubta qarniga labaatanaad.

Yurubta qarniga labaatanaad waxay gaartay baarka sare ee sayniska, awoodda maaddada, faraweynida waxsoosaarka ee anay ayada oo kale aadanaha soo

31 Buugga 'Al-Islaam bayn al-Maaddiyah wal-Islaam'

marin tan iyo bilowgoodii.

Yurubta qarniga labaatanaad waxay gaareen heer hoos u dhac akhlaaqeed iyo mid rooxaaniyadeed aanay aadanuhu hore u arag wax ka liita-haddii ay tahay jaahiliyadeedii hore iyo haddii ay tahay jaahiliyaddeeda casriga ah.

Markii uu faylasuufkii ingiriiska ahaa ee sebankan noolaa Beertarayn Raasal lahaa: madaxnimada ninka cad waa ay dhammaatay', sidaa uma uusan dhihin in ninka cad saynis la'aan noqday ama ay gurtay horukaciisii maaddo ama korusocoshadii waxsoosaarka ee joogtadaa ahaa ay ka joogsatay e, waxa uu sidaa u yiri waa in ninka cad uu gudaha nafta ka marraaday. Waxa uu ka marnaaday caqiido suubban; waxa uu ka marnaaday ruuxda; waxa uu ka guray akhlaaqda macnaheeda ballaaran ee aadannimo se aan ahayn tan danaysiga ah ee ciriiriga ah ee aya waayadaan ku dhaqmaan reer galbeedku.

Haddii horumarka saynis, waxsoosaarka walxaha, iyo waxyaalaha kale ee nafta bani aadanka ka baxsan ay yeelan lahaayeen saamaynta kamadambaysta ah ee qaabaynta nafta aadanaha, waxaa waajib noqon lahayd in reer gablbeedku ay habdhaqanka aadanaha nooc uu yahayba baarka sare ka joogaan. Lama arkeen wejigaan madow ee karaahiyada ah ee ay reer galbeedku maanta aadanaha ku eegayaan: cunsurinnimo, gumaysi, akhlaaq darro, hoobasho rooxaaniyadeed, loollan nacab ah oo ku dhisan isballaaran iyo milkin lagu bahdilayo karaamada dadka, argagaxinta burburka ah ee ay dunidu maanta ku nooshahay ee ay kaga baqanayaan dagaal iyo halaag.

Ma liidasho ka weyn baa jirta beenta weyn ee leh: diyaaraduhu waxay maanta isu soo dhaweeyeen dunida, sidaa darteedna dadku waxay dareemeen isudhawaanta goobta, midnimada dadka, iyo waajibnimada in dadku iskaalamaystaan ama waa sida ay dhaheen e, dunidu maanta waa ay ka yar tahay wax la isku qabsado!

Beentaan wax ka liita ma ay jiraan. Dadku ma waanay eegin hareerahooda marka ay hadlayaan? Ma nabadgalyo ayaa adduunka ka jirta bacdamaa ay diyaaradaha iyo gantaalladu isu soo dhaweeyeen? Mise [nabaddu-ba] waa isqaqabsiga fooshaxun ee aan taariikhda hore loogu arag?

Waa dareemmada gudaha e, maaha diyaaradaha iyo gantaallada.

Sidaa darteed ayaa ay caqiidooyinku u ahaayeen waxa ugu weyn nolosha dadka. Waa waxa nafta gunteeda hoose ka hagaya. Waa tan u jihaynayasa shaqooyinka kala duwan, dhaqannada kala geddisan iyo dareemmada kala nooca ah.

Sidaa darteed ayaa ay nolosha aadanaha soomareen xaddaarado maaddi ah oo la soo dhaafay, way baabba'een ama waxaa haray raadkoodii oo dhego la,' engagan oo nolol la'aan ah. Waxaa hartay caqiidooyinkii, si walba oo doorin iyo foolxumayni ay u soo wajaheen. Way hareen ayaga oo xambaarsan wixii wasakh ahaa ee ay ku dharoobtay suuraysashadii aadanaha ee kharribnayd. Way hartay ayada oo ah caymada u dambaysa iyo nalka mugdiyada u iftiimanay.

Sidaa oo kale, akhlaaqdu waa qaddiyad negi.

Akhlaaqda markii dhan laga eego waa ku dhaqmidda caqiidada. Makii dhan kale laga eegana waa habka uu qofku ula dhaqmayo naftiisa iyo dadka. Waxay ku xukuman tahay xiriirro soojireen ah oo negi oo aanay taariikhdu beddelayn. Waxay ku xukuman tahay in dadku ay ka samaysan yihiin xantoobo ciid ah iyo ruuxdii uu Alle ku afuufay, iyo in ay ka soo farcameen naf keligeed ah oo ayada laga abuuray xaaskeedii, deetana ay labadooda ka farcameen shacaybyo, qabiilooyin iyo jiilal.

Taasi waa masalo taariikhiya oo aan isbeddelayn si walba oo ay u kala duwan yihiin dhacdooyinka taariikhdu. Si walba oo ay dadku u ikhtiraacaan gantaallo, diyaarado, tallaagado, qasaalado, maskax elektaroonig ah iyo qalab nukliyeer ah, ma ay awoodayaan in ay dooriyaan xaqiiqada jiritaankiisii hore iyo in asaga iyo dadka dhammaan ay ka soo jeedaan hal asal iyo hal naf.

Akhlaaqdu waxay ka dhambalantay xaqiiqadaan. Kama aanay soo burqan waxyaalaha uu aadanuhu ikhtiraacay ee horumarsan, kamana aanay dhambalmin bay'adda beeraha ama warshadaha ama nukliyeerka. Kama aanay dhambalmin curiye isdoorinaya. Waxa keliya ee ay ka dhambalantay waa curiyaha negi oo ah samaysinka aadanaha laftiisa iyo masuuliyadaha jiritaankiisu farayo. Sida darteedna waxay yeelatay sees negi si walba oo ay muuqaalladeedu ugu saamoobaan isbeddellada dhacay.

Sida uu qofku uga weecdo caqiidada fayow si la mid

ah ayaa uu akhlaaqdana uga bayraa. Tan macnaheedunu ma aha sida ay mudanayaasha sharafta badan ee saynisyahannadu ay u fahmeen in aanay akhlaaqdu lahayn sees negi! Macnaheedu waa in ay dadku ka leexanayaan seeska negi kolka ay abuurtoodu xumaato ee ay jidka toosan ka habaabaan.

Iskaba daaye, aan dood ahaan u suuraysanno in marar dhif ah mooyee aanay akhlaaqda wanaagsan ku dhaqmin. Taasina kama dhigna in akhlaaqdu tahay qiime isbeddelaya oo aan lahayn sees negi. Waxa keliya ee uu macnaheedu yahay waa in aadannimadu ay weecasho badan tahay, mar walbana ay toosin u baahan tahay.

Cudurrada jirku waagii kastaba si joogto ah ayaa ay u fidaan, waxaana dhif ah in la arko ruux aan weligii mar ama dhawr jeer jirran. Ma waxay taasi ka dhigan tahay in caafimaadku uusan halbeeg lahayn, halbeegguna uusan xeerar lahayn?

Cudurrada akhlaaqduna waa sidoo kale. Waagii walbaba si joogto ah ayaa ay u fidaan. Waxaana dhif ah in la arko qof inta uu nool yahay aan mar ama dhawr jeer bukoon. Laakiin, tani kama dhigna in caafimaadka nafsiga ah uusan halbeeg lahayn, halbeegguna uusan xeerar lahayn.

Halbeegga masaladu waa iska cad yahay. Sida Haksaliba yiri, qofku waa aadane. Waa ka gaar oo wuu ka soocan yahay xayawaanka. Sidaa darteedna waxaa la gudboon in uu xaqiijiyo abuurtiisa aadannimo ee sooca ah, oo uusan u janjeersan nolosha xayawaanka.

Sifooyinka aadanaha u gaarka ah sida Haksali yiriba

waxaa ka mid ah: xakamaynta, doonista, iyo doorashad-iisa xorta ah ee baahiyihiisa iyo in uusan si buuxda ugu hoggaansamin baahiyaha ku uuman. Taasi waa sifooy-inkiisa gaarka ah ee xayawaanka ka soocay. Hadii uu adeegsado waa qof sharaf leh. Waa aadane akhlaaq leh. Haddii uu ka weecdana hoos buu u hoobanayaa, waxa uuna noqonayaa ruux gefay xitaa haddii uu gefkiisa kun sano ku sii socdo-in Alle iyo inta ay gudihiisa ku jirto [sida sayniskuba yiri] awood uu ku xaqiijiyo sifooyinka aadanaha u gaarka ah.

Laakiin xisaabtaan basiidka ah ayaa noojisay sayn-isyahannadii reer Yurub, fahmaddoodiina walaaqday kolkii ay rumeeyeen xayawaannimada dadka. Xay-awaanku sida dhabta ah ma la ha halbeegyo negi iyo halbeeg akhlaaqeed toonna.

Dhaqanku se waa qaddiyad in yar ka duwanaan karta, laakiin sida dhabta ah waa kaladuwanaan aan weynayn.

Dhaqanku waa uu ka dabacsan yahay qaacidooyin-ka akhlaaqda, laakiin se waa fal fulineed fikradda akh-laaqda la xiriira. In badan ayaa ay qaababka dhaqanku yeeshaan habab kala duwan si walba oo ay xeerarka iyo yoolasha uga midaysan yihiin. Sidaa darteedna, dhaqannadu hal qaab kuma negaadaan, taariikh ahaan-na in badan ayaa ay isbeddelaan.

Isbeddelka dhaqannadu iskii dhib uma aha, mana aha mushkilad xal u baahan.

Waxaa dhibta leh keliya in ay dhaqannadu ka baxaan

xeerarka akhlaaqeed iyo waxa ay jideeyaan caqiiqada iyo rumanta Alle.

Wiil baa gabar doonaya, meherna waxa uu u bixinayaa boqol jeedal in lagu dhufto oo uu u dulqaato asaga oo aan niic oran ama boqol halaad in uu qoyskeeda siiyo, ama boqol gini ama labada qoys ay kharashka wadaagsadaan; in uu agabkiisa la yimaado ama qosyka caruusaddu ay keenaan ama ay labada caruus isku racaan in ay qababaalinta isu kaalamaystaan. Intaan oo dhammi waa dhaqammo isbeddelaya, in ay isbeddelaanna dhib ma leh. Waxa keliye ee dhibtu tahay waa kolka ay dhaqannadu ka gudbaan fikraddii guurka lafteeda ee ay isu beddesho dhillaysi, nooc dooniba dhillaysigaasi ha noqdee.

Hooyada ayaa doonista horkacaysa ama gabadha ayaa horboodaysa ama wiilka laftiisa ayaa doonaya. Kulligeed waa dhaqanno isbeddelaya, in ay isbeddelaanna dhib ma leh. Waxa dhibta leh keliya waa marka aanay meeshaba imaanayn doonis e, ay booskii gelayso kulan sidii xayawaankii la isugu raaxaysto.

Qoysku waxa uu ka koban yahay awoowayaal, waalidiin, ilmo iyo qaar awoowe loo yahay, waa sida haramka [pyramid] salkiisu ballaaranayo ee aan dhammaanayn. Ama waxay ku gaabnaaanaysaa ninka, naagtiisa iyo ilmahooda, soddohduna waa ay la degi ama meel fog bay degi. Hooyada ayaa waano la dhexgalaysa ama laba isqaba ayaa ay isu daynaysaa si ay isu fahmaan. Dhammaan waa dhaqanno isbeddelaya, in ay sibeddelaanna wax dhib ah ma leh. Waxa dhibta leh keliya waa xilliga ay xiriirrada qoysku ay u go'aan sababo caaddifadeed ama dhaqaale ama nidaam dawladdu hirgelisay ama sababo kale.

Haddaba, dhaqannadu si walba oo ay u dabacsan yihiin ma aha kuwo ka madax bannaan xeerarka negi ee nolosha aadanaha: akhlaaqda iyo caqiidada. Haddii aysan sidaa noqonna waa weecasho leh cawaaqibxumadeeda, si walba oo uu curfigu u qaato, qurxinteedana buugaag looga qoro!

Taasi waa qisada horumarka suuraddeeda uu waaqacu saacidayo e, ma aha suuraddeeda qarriban ee waayadaan dambe reer Yurubta lumisay.

Waa jooharad negi iyo muuqaallo isbeddelaya. Koonka, nolosha iyo dadkuba waa ay ka siman yihiin. Isbeddelka joogtada ah meesha kama uu saarayo xeerarka negi, aadanahana kama uu furayo dabarkiisa si uu arlada u fasahaadiyo oo uu ku hoobto qurunka xayawaannimada, deetana uu ku andacoodo in uu horukac iyo horumar ku jiro.

Laakiin, khasbanimada horumarku waxay ahayd fidno xiirto ah, welina waa sidii!

Khasbanaantaanina waxay ugu cadcaddahay waa fasirka maaddi ee taarrikhda, kaa oo xaddidaya heerarka horumarkha khasabaka ah, si cadna waxa uu u leeyahay: wax xiriir ah lama laha doonista aadanaha!

Xitaa kuwa reer yurub ee aan sida buuxda u rumaysnayn fasirka maaddi ee taariikhda-waana wax yar e, waxay rumaysan yihiin khasabnimadaas oo dhan kale ah; dhanka tabardarrada qofka keligii ah iyo in uusan tabar u hayn in uu bulshada ka horyimaado iyo in uu isku gudbo horumarka khasabka ah ee ka dhasha isbeddelka duruufaha iyo xaaladaha.

Labaduba waxa ay rumaysan yihiin tabnaanata aadanaha.

Daarwinraacnimadu waxay ahayd sababta tooska ah ee rumaynta khasabnimadaan, maxaa yeelay? waxay horumarka u jeexday khad cayiman, deetana waxay tiri: noolouhu kama baxsan karaan cadaadiska horumarka, mana awoodaan wax aan ka ahayn in ay u hoggaansamaan duruufaha bay'adda ku meegaaran. Bay'adda ayaana jidka u jeexda.

Fasirka maaddi ee taariikhdu ma soo kordhin wax aan ka ahayn in uu khasabnimadii u soo tallaabiyay aadanaha-maadaama uu yahay nooc ka mid ah xayawaanka, waxa uuna ku dabbaqay dhammaan dhaqdhaqaaqyadiisa keli ahaaneed iyo bulsho ahaaneed, waxa uuna yiri: keligi ayaa ah fasirka saynis ee saxda ah!

Sidaa ayaynu mar kale halkaanna ku ogaanaynaa in masaladuba ay ugu dambayn ka soo butaacayso xayawaannimada dadka!

Waxaa nagu fillayd in aan dib ugu laabanno hadalkii Juuliyaan Haksali si aan u deedafayno waxa uu ku andacoonayo fasirka maaddi ee taariikhdu kolkii asaga oo ka sheekaynaya gooninnimada aadanaha uu lahaa: ugu dambayn, xayawaannada horumaray kuma jiraan wax aadanaha ugu dhigma qaabka horumarkiisa' ama uu lahaa: aadanuhu waxa uu leeyahay wax kale oo u gaar ah oo bayooloji, waana gooninnimada taariikhda horumarkiisa' ama uu lahaa 'aadanaha se qeyb ahaan dhaqankoodu wax qaadashada iyo bixinta si isku mid ah ayaa uu xor ugu yahay' ama uu lahaa: laakiin aadanuhu waxa uu u hormaray qaab u suuragelisay in uu ka takhalluso baratannada qaarkood, iyo in uu qaar kale u addoonsado weheshi ahaan, iyo in uu wax ka beddelo xaaladaha dabiicadeed iyo bayooloji ee badi dhulka oogadiisa'.

Taa oo ka dhigan in aadanuhu yahay awood shaqaynaysa oo togan, aysanna ahayn awood taban.

Waxaa ku filnayd in aan erayadaas ku laabanno si aan u deedafayno kuwa ku andacoonaya khasabnimada horumarka aadanaha. Khasabanimada si cad u leh: aadanuhu wax awood hawlqabasho ah ma leh, dhacdooyinka la soo gudboonaanayana wax doonis ah kuma uu laha!

Laakiin intaa ku gaabsan mayno, tillaabo kale ayaan tubta hore ugu sii qaadaynaa.

Fasirka maaddi ee taariikhda iyo khasabnimada horumarku waa xaqiiqo taariikhda aadanaha ee dheer ka haysata baritaar! Laakiin se waa xaqiiqo hal xaalad ku kooban. Kolka uu aadanuhu doorto in uu samaysinkiisa ka tanaasulo, naftiisana uu u daayo dhacdooyinka! Markaas ma uu noqonayo awood togan, miisaan iyo xisaabna yeelan uu ma hayo. Waxa uu markaas noqonayaa danab taban oo ay wax walba ku shaqaystaan, asaguna aan waxba ku shaqaysan!

Taasi mararka qaar waa ay dhacdaa! Labadii qarni ee u dambeeyay ayaa ay yurub ka dhacday, lama na aanay hirdamin hal hir oo ka mid ah hirarkii fasahaadka e, waxayba nafteeda faraha uga qaadday hirka, deetana ninkii caddaa ugu dambayn waa uu ku maashooday.

Haseyeeshee, waa qabka reer yurub kan taariikhda aadanaha oo dhan ku fasiraya waxa yurub ka dhacay hal qarni iyo bar ee ah waqti foorara oo waxa dhacay oo dhan ay tahay in yurub ay ka farabaxsatay awooddii kaniisadda, nafteedana ay sheydaan u dhiibtay!

Haddii aanay sidaa ahayn waxaan u guuraynaa meel kale iyo waa kale.

Waxaan u guuraynaa bilowgii islaamka.

Awood walxeed oo noocee ah, isbeddel waxsoosaar ee noocma ah oo ka dhacay jasiiradda carbeed ama caalamka oo idil, ayaa si khasab ah u keenay soobixiddii Muxammad bin Cabdilllaahi-naxariis iyo nabadgalyo korkiisa ha ahaatee, asaga oo dadka ugu yeeraya islaannimada, kuna bishaaraynaya diinta cusub?

Waxay leeyihiin: carabtii jasiiradda carbeed waxaa ay soo afmeereen heerkii qabiilka, waxayna u hanqaltaageen in ay ummad noqdaan, soobixiddii Muxammadna-naxariis iyo nabadgalyo korkiisa ha ahaatee, waxay ahayd arrin dabiici ah oo la jaanqaadaysa dabeecadda dhacdooyinka, waxayna u hoggaansamaysay khasabnimada horumarka.

Si walba oo uu hadalkaani xadgudub u yahay, haddana waan daynaynaa si dooddu ay fagaag u hesho.

Qabiil ka guur ummadna noqo.. Waa macquul!

Laakiin diinta islaamka dhammaanteed ma diintii ummadda carabta baa?

Sidee ayaa ay sidaa ku tahay, ayada oo intii Maka la joogay ee aan Madiina la aadin, ka hor asaasiddii dowladda, ka hor kulankii ansaarta, ka hor intii aan la isu keenin awoodda maaddo iyo tamartii fulinta, maya e ka hor intii aanay rumayn cid aan ka ahayn dhawr qof oo gollayaasha ku firirsan ee ay buriyeennna ehelkooda iyo asxaabtoodu, ayna wareegaalaysanayeen ayaga oo aan degid, ilaalo iyo rejo toonna lahayn berrida dhow haba joogto e berrida fog; Sidee ayaa ay ku tahay sidaa ayada oo duruufahaas oo dhan ay jiraan uu quraanku suuradda al-Qalam ee ka mid ah suuradihii u soo hor degay uu ku leeyahay: *wax kale ma aha e, caalamka ayuu waano u yahay*' [32]. Suuradda Saba' ee Maka ku soo degtayna waxaa ku jirta aayad taas macnaheedu ka sii cad yahay, waana hadalka Alle ee ah: *kuu ma aannaan soo dirin wax aan ka ahayn in dadka oo dhan aad u tahay bishaareeye iyo u dige*.'[33] Sidaa oo kale suuradda al-Acraaf ee Maka ku soo degtay waxa uu Alle ku leeyahay: waxaad [Nebiyoow] ku dhahdaa: *dadoow waxaan ahay ergaygii uu Alle idilkiin u soo diray'*.[34]

Intaa ka dib islaamku ma diin carbeed baa? [ma saas baa ayada oo uu] Nebigii Islaamku leeyahay: *dadku waxay u siman yihiin sida ilkaha shanlada oo kale. Carabku uga ma fadli badna cajamiga wax aan Alle ka cabsi ahayn?*[35]

Ma dacwo ummad lagu aasaasayo baa mise waa dacwad aadannimo guud tan iyo tallaabadii u horraysay?

Khasabnimada taariikheed ma sidaas baa kuwa la

---

32 Suuradda al-Qalam: 52
33 Suuradda Saba': 28
34 Suuradda al-Acraaf: 158
35 Xadiis daciif ah laakiin leh shawaahid macnihiisa xoojinay.

dhacsan fasirka maaddi ee taariikhdoow? Qabiil ka hinqo oo aadannimo u bood sannado gudahood!

Ummaduhu waxay ka samaysmaan qabiil. Ma tallaabadaan keliya ayaa u dhiganta nidaamyada fikradeed, caqiido, bulsho iyo dhaqaale ayada oo aanay jirin isbeddel maaddo iyo doorsoon ku yimaada qaabka waxsoosaarka? Caqliyadda degaanku ma aha tan islaamka keentay. In ay sidaa noqoto iska daaye, waxaa dhacay loollan dheer oo daran oo dhexmaray caqliyadda degaanka iyo caqliyadda islaamka, ilaa ugu dambayntii ay caqiidada cusub ku guulaysatay wixii ay xambaarsanayd ee awood iyo curiyayaal kheyr ah oo xoog badan, sidaana ay ku jabisay caqliyadda degaanka, nafaha dadkana ay ka rartay.

Caqliyadda degaanku waxay yasi jirtay haweenka, waxaa ayna dhigi jirtay boos u eg xoolaha la foofsado iyo xayawaanka. Ayada oo dhal ah ayaa kol la xabaalnololin jiray, waxaana lagu soo dhaweyn jiray sharaysi iyo xanaaq. Ayada oo inan ah waa la dullayn jiray. Ayada oo xaas ahna waxaa loo yeelan jiray sida xoolaha loo milkiyo. Haweenayda lafteedu xaaladdaan kama aanay guban jirin, raggana qof sidaa si aan ahayn la doonaya ku ma uusan jirin. Jasiiradda carbeed iyo arlada meel ka mid ah laga ma soo helayn.

Islaamka ayaa yimid asaga oo leh: *qofkii wanaag sameeya lab iyo dheddig kuu yahay, asaga oo muumin ah, waxaannu noolaysiinaynaa nolol wanaagsan'*[36] *'Rabbigood ayaa aqbalay [waxa uuna ku yiri:] ma dayacayo midkiin waxa uu falo, lab iyo dheddigba, qaarkiin*

36 Suuradda al-Nisaa: 124

waxaad ka samaysanteen qaarkiinna kale'.[37]

Wuu yimid asagoo leh: *si wanaagsan ula dhaqma'*[38] waxa uuna wanaaggaa u samaynayay xeerar, sharciyo iyo jihayn.

Wuu yimid si-ayada oo barbar socota sinnaanta aadannimo iyo ku sinnaanta Alle agtii, uu u siiyo xaqa milkiyadda iyo hawlqabsashada: '*Raggu waxay qayb ku leeyihiin waxa ay labada waalid iyo qaraabadu ka dhintaan, haweenkuna waxay qayb ku leeyihiin waxa ay labada waalid iyo qaraabadu ka dhintaan'* [39]. '*Raggu waxay qayb ku leeyihiin waxa ay shaqaystaan, dumarkuna waxay qayb ku leeyihiin waxa ay shaqaystaan'.*[40] Waa xaqa aanay Faransiisku dumarkooda siin ka hor qarnigii labaatanaad.

Caqliyadda degaanku waxay ahayd caqliyadda guusha siisa kan xoogga leh e, ma aanay ahayn tan siisa qofka xaqa leh, carabtuna in ay tubta khasabimada horumarka ay ummad isugu beddesho kama aanay dooriseen caqliyaddaan. Badanaa ummado ay caqliyaddaan ilaa haddada qarnigaan labaatanaad ka shaqayso!

Haddaba, islaamku waxa uu yimid asaga oo xaqlaha xaqiisa siinaya, kuna siinaya aadannimadiisa oo qur ah, ee aan ku siinayn awooddiisa ama galaangalkiisa iyo xilkiisa, xitaa haddii uusan muslim ahayn marba haddii uu la nool yahay bulshada islaamka. Sagaal aayadood ayaa suuradda al-Nisaa'[41] ku soo degtay si ay u bari

37 Suuradda aal-Cimraan: 195
38 Suuradda al-Nisaa: 19
39 Suuradda al-Nisaa: 7
40 Suuradda al-Nisaa: 32
41 Suuradda al-Nisaa': 105-113. Aayadahaa waxaa ka mid ahaa: qofkii

yeesho yahuudi lagu tuhmay dulmi, ayna shirqoolka tuhmadda u maleegeen rag reer madiina ah oo qabiilo xoog leh ka dhashay, asaguna uusan lahayn cid u hiilisa iyo cid u gargaaraysa toonna.

Caqliyadda degaanku waa in ay kaabbaqabiilka-ama boqorka marka ay ummad noqdaan, u xurmeeyaan ilaa xad ay ka dhigaan sidii Ilaah aan la weydiin waxa uu falayo. Caqliyadda caalamka iyo dadkii ka talinayay sidaa ayaa ay waagaas ahayd, mise waa kan islaamkii ummaddaan wacyigeeda siyaasadeed ee fiinta sare gaaray ka dhigay in qof ka mid ah caammadii muslimiinta uu ku yiraahdo taariikhda islaamka khaliifkii loogu haybaysi badnaa-Cumar bin Khaddaab: Ilaahay baan ku dhaartaye haddii aannu qallooc kugu aragno waxaan kugu toosinaynaa seefta afkeeda' deetana waan kan oo Cumar uusan ka xanaaqayn hadalkiisaa dhiirran e, uu Alle uga mahadcelinayo!

Caqliyadda degaanku waxa ay deeqsinnimada carbeed ee caanka ahayd ay dhigi jirtay tu ku kooban soodhaweynta ay sheegsheeggeeda socotada arlada ula kala gooshaan, kuna habboon in ay qabiilooyinku isugu faanaan, halka faqiirka iyo miskiinka in loo turo-dhimrinta aadannimo baraxa tiran oo aan looga gollahayn hawo nafeed, faan, iyo ismuujin ay ahayd arrin degaankaas in ay ka dhacdo ay naadir tahay! Deetana islaamka ayaa yimid si uu si xad-dhaaf ah dadka uga dalbado in ay miskiinka siiyaan xaqa uu ku leeyahay xoolaha Ilaahay, ayna sharfaan, u turaan oo ay xiriiriyaan, jeer oo uu

---

gef sameeya deetana qof aan dambi lahayn ku eedeeya, waxa uu sameeyay hafrid iyo dambi cad" waxaa la tilmaamay yahuudkii aan dambiga lahayn.

arrinta ka dhigay amar Rasuulka S.C.W laftiisa lagu soo rogay asaga oo aan weliba marna u baahnayn amarkaas: *miskiinka miyaa? Ha dullayn. Tuugasadaha miyaa? Ha guulguulin'.*[42] Waxa amarkaa Nebiga S.C.W loogu jeediyay waa in la ina ku baraarujiyo ahmiyadda arrintaan iyo in fulinteedu ay waajib tahay.

Caqliyadda degaanka iyo tii dunida ee waagaas, waxay madaxda ka dhigi jirtay madax, addoommadana derajo u dhow heerka xayawaanka. Waa la liidi jiray, la ciqaabi jiray, waana la dili jiray ayaga oo aan la isaga daba imaanayn.

Islaamkii ayaa yimid asaga oo gabadhii Rasuulka S.C.W eeddadiis ee qurayshta ahayd u guurinaya Sayd oo ka mid ahaa addoommadii la xoreeyay; waxaa kale oo uu yimid asaga oo addoonkaa hore ee la xoreeyay[43] taliya uga dhigaya ciidan ay ka mid ahaayeen Abuubakar iyo Cumar oo labaduba ahaa wasiirradii Rasuulk S.C.W iyo khaliifyadii ka dambeeyay!

Waxa uu Rasuulku S.C.W yiri: *qofkii addoonnkiisa dila waan dilaynaa, qofkii addoonkiisa sanka ka gooya [ama dhegaha ama dibnaha] sankaan ka jaraynaa'*[44]. Taasina kuma aanay imaan in cidi u dalabtay karaamayntaan, mana aysan ahayn in xaaladda dhaqaale ama xiriirka waxsoosaar ama agabka waxsoosaarku ay in yarna isbeddeleen!

Caqliyadda bay'addu waxay rumaysnayd milkiyadda

42 Suuradda al-Duxaa: 9-10

43 Sayd ma uusan ahayn e, wiilkiisii Usaama ayaa uu ahaa kan hoggaamiyay ciidankaas.

44 Abii Daa'uud, Tirmidi, Nisaa'i' bin Maajah, Axmed, iyo Daarami baa weriyay. Tur.

shaqsiga ee aan seetaha lahayn, wax xeer ahna aan hoos imaanayn.

Islaamku waxa uu yimid asaga oo nidaaminaya nidaamka milkiyadda ee aanay dunidu casrigaan ka hor isku hawlin, bacdaamaa ay ka gubatay cadaabkii xoologooyada iyo hantigoosadka, dac kululna ay ka waraabiyeen. Waxa uu yimid asaga oo leh: maalku waa hanti Eebbe, dadkuna wakiillo ayaa ay ka yihiin. Qofku shaqaale ayuu ka yahay, waxa uuna ku mudanayaa in uu xaqiisa ka guto, si wacanna uu u maamulo. Haddii uu maangaab noqdo ama uusan xaqiisa gudan waxaa dib u qaadanaysa buslahada oo xaqa koowaad lahayd, deetana waxa uu caddeeyay qaabka loo qaybinayo 'si aanay u noqon meerto inta hodanka ah ku dhex meeraysata'.

Caqliyadda bay'addu waxay ahayd, oo ahayd, oo ahaydba, islaamku waxa uu u yimid in uu caqliyaddaas meesha ka saaro, uuna ku beddelo caqliyad kale oo aad uga durugsan, qariibnimo xad-dhaaf ahna ku ah degaankaas iyo dhammaan degaannadii maalintaas, hadalkiisana kama uusan dhigin mabaadi' ku callaqan hawada e, waxa uu ka dhigay waaqac la taaban karo oo ay matalaan dad arlada lugaynaya, qalbiyadooduna ay samada u jihaysan yihiin!

Sidee bay taasi ku dhacday?

Waa kee khasabka taariikheed ama fasirka maaddi ee fasiri kara arrintaan ashqaraarka leh ee ku duugan taariikhda dadka?

Hal shay ayaa fasiri kara.

Aadanuhu marka uu si sax ah Alle u rumeeyo ee ay qalbigiisana caqiido fayow cammirto waxa uu sameeyaa mucjisooyinkaan!

Aadanauhu waa awoodda arlada ugu weyn kolka uu Alle rumeeyo. Markaas waxa uu noqdaa awood jihaysan. Waxa uu noqdaa awoodda saamaynta iyo doonista leh ee arlada ku dhaqan-Alle idankii, sababtuna waa in uu yahay khaliifkii [wakiilkii] Alle.

Alle waxa uu dadka ku leeyahay: *waxa uu Alle idiin sakhiray waxa samada ku sugan iyo waxa arlada ku sugan, dhammaantoodna xaggiisa ayay ka ahaadeen'*[45]

Alle-xumi ku hufnaaye, dadka ayaa uu u sakhiray. Haddaba ayaga ayaa ay Alle oggolaantiisa ugu sakhiran tahay. Waxay taasi ka dhigan tahay in ay yihiin awoodda hawlkarka ah ee adeegsigooda milkisan. Ayagu ma aha danabka taban ee ay walax kasta ayada hawlgeliso, ayaduna aan walaxna hawlgelin!

Taasi waa xaaladda dhabta ah ee aadanaha. Taasina waa booska u cunnama. Waa booska u cuntama madaxda uu Alle u abuuray arlada.

Kolka ay aadanuhu hanuunkooda u hinqadaan, booskooda xaqa ahna ay aqoonsadaan, ma sii ahaanayaan kuwo u hoggaansan saameeyayaasha uu weligii ku saamooyabo ee uusan saamaynayn. Waxa uu keliya noqdaa awoodda togan ee ugu yaraan la falagalaysa awoodaha walxeed, haddiiba aynaan oran waa uu ka xoog bataa oo wuu adeegsadaa.

Awoodaha maaddiga oo qura ma aha kuwa uu Islaamku u jihaynayo sida ay asaga [aadanaha] tabane uga tahay iyo sida uu togane u yahay marka ayada loo eego?

45 Suuradda al-Jaathiyah: 13

Waxaa sidaa oo kale ah xaaladaha bulsho, dhaqaale, siyaasadeed, fikir, rooxaaniyadeed, iyo dhammaan hawlaha aadanaha.

"Alle ma dooriyo xaalad ay duul ku dhaqan yihiin jeer oo ay ayagu dooriyaan xaaladda naftooda'[46]

Sidaa ayaa ay doonista Alle doontay, deeq iyo gallad asaga xaggiisa ka ahaatay ayada oo ah, in ay dadku noqdaan aaladda shaqo ee dhulka, sidaa oo kalana ay noqdaan qalabka isbeddelka. Aadanuhu waa kan shaqeeya. Aadanuhu waa kuwa waxsoosaarka leh. Aadanuhu waa kuwa samaynaya nidaam, xaaladahana qiimaynaya. Sidaa oo kale aadanuhu waa kan beddelaya waaqaca. Isbeddelkuna waa doonis Eebbe. Alle kama uusan tabarbeelin in xaalad duul ku dhaqan yihiin uu beddelo ayaga oo aan isbeddelin, oo cirka, dhulka, iyo waxa ku suganba asaga ayaa leh. Asaga ayaa ah kan uunka oo dhan khasba. Waa kan dhammaantood ku maamula waxa uu doono iyo sida uu u doono. Laakiin se asaga ayaa sidaa doonay. In aadanuhu noqdo xubin nolosha wax ku biirinaya, iyo in isbeddelku noqdo mid ku xiran doonista dadka, xaggooda ka soo go'a, dhankoodana laga fuliyo, ayaga oo abuurtooda isugu gaynaya waxqabad, fikir iyo dareen.

Sharfid noocee ah ayaa ka weyn karaamayntaan?

Sidaa oo ay tahay aadanuhu dib buu u gurtaa oo waa uu isgabaalageddiyaa, naftiisana waxa uu dhigaa

46 Suuradda al-Racad: 11

halkii xayawaanka iyo manoolayaasha, waxa uuna naftiisa faraha uga qaadaa in ay dhacdooyinku wadaan oo uusan tubta dhacdooyinka asagu jeexin.

Maya, waxa uu sidaa yeelaa kolka uusan Alle rumaysnayn oo deetana uusan aqoonsan xaqiiqada naftiisa oo uusan aamminin.

Laakiin marka uu rumeeyo Ilaahay ee uu naftiisana aammino ma ay jiidato khasabnimada horumarku, umana uu hoggaansamo fasirka maaddi ee taariikhda iyo fasir walba oo aan ahay fasirka aadanaha iskudhammaha ah ee aadanaha gaynaya boos uu ku noqdo jiheeya hawlakar ah oo doonis leh.

Haddii ay Yurub rumayn lahayd Alle, ayna aammini lahayd aadannimada aadanaha, uma aanay oggolaateen in dhacdooyinku sidaan xaal noqday ay u hoggaansadaan, waxayna yeelan lahaayeen aragti kale iyo wadiiqo kale, waxayna nafteeda ka heli lahayd awood ay ku horjoogsato wadiiqada jabka khasabka ah ee ku dhacay akhlaaqdeedii, furfurtayna bulshadeedii. Kacaankii warshadaha ama dagaallada ama dhacdooyinka kalana awood uma aanay yeesheen in ay waaxyaheeda u kala furfuraan qaabkaas foosha xun ee ayada iyo dunidaba u waldaaminaysa burburka.

Si walba oo uu xaalku yahay, taasi waa qisadii ku dhammaatay hoobashadii akhlaaqda iyo dhaqanka. Taasi, ugu yaraan waa dhacdooyinkii fasirayay hoobadkaa haddiiba aanay sharciyaynayn.

Annaga miyaa? Maxaa na helay? Dhacdooyin noocee ah oo sababaynaya hoobadka aan la rafaadsannahay ama ugu yaraan fasiraya ayaa nolosheenna la soo gudboonaaday? Maxaa kale oo aan ka ahayn addoonnimada nafaheenna ku duugantay ee aan ugu hoggaansannahay gumaystaha reer galbeedka ee inoo ku yimid si uu u dumiyo diinteenna, akhlaaqdeenna, iyo dhaqankeenna, uuna asagu ugu raaxaysato madaxnimada iyo saldanadda?

Ma waxaa jira sabab kale oo dhab ah oo inoo keenaysa waxa aan ku jirno ee liidasho, akhlaaq xumo, dhaqanxumo iyo hoobasho ah?

Ma sabab kale ayaa jirta... aan warkeenna isu cadd-ayno.

AAN WARKA CADDAYNO!

Aan warka caddayno!

Aan nafteenna u caddayno xaqiiqada mowqifka aan ka taagannahay diinta, akhlaaqda iyo dhaqanka. Maxaan waaqaca uga cararaynaa oo aan boorka madaxa ugu qarsanaynaa? Maxaan nafaheenna u luminaynaa oo aan beenaha ugu dhegganaanayaa!

Ama maxaan beenta kas ugu sheegaynaa oo aan dadka kale u marinhabaabinaynaa?

Aan warka caddayno!

Ma waxaa jira sababo looqaateen ah oo keenaya akhlaaqxumada aan ku kacayno maanta ama aan adeegsanno weedhaa midda ka soo horjeedda [oo aan dhahno]: xoroobidda iyo ka baxsashada dabarradu ma waxay leeyihiin sababo looqaateen ah?

Yurub waxay u akhlaaqbeeshay sababo badan oo aan hore u soo caddaynay, mana ay aha kuwo oggolaansho siinaya akhlaaq xumada, sifo sharcinnimana ma siinayaan, sidaa oo kalana ma ay yaraynayaan jariimada hoobashada xaywaannimada ah ee ay yurub maanta ku dhaqmayso. Laakiin waxay keliya fasiraysaa sababta ay akhlaaq xumadaasi u dhacday.

Haddana, innagu maxaan u akhlaaq beelnay?

Maxay yihiin dhacdooyinka akhlaaq xumadaan inoo ku wacan?

Ma waxaynu lahayn kaniisad soojeedka iyo hurdadaba ina ku bursata si ay baad badan inoo ka qaaddo, si liidatana aan ugu hogaansanno wadaaddada diinta oo ina ka xaaraamaynaya in aan ku fekerno in dhulku kubbad yahay ama booska aadanuhu dhulka ku leeyihiin ama caddaaladda bulshada, ama nidaamyada siyaasadeed, ama inoo diidaya in aan ku mashquulna aqoonta hawlgelinta leh ee ay ka mid yihiin caafimaadka, falagga, dabiicadda, kimistariga, dhirta, iyo xayawaanka ama in aan arlada meeraysanno innaga oo arsaaq doon ah?

Ma waxaynu lahayn fikirro diineed oo ka soo horjeeda fikradda horumarka koonka, nolosha, iyo dadka oo marka ay ina ka naxsatay fikradda horumarka ee sayniska ah ayaan doonta dhinac isaga tuurnay, waxaannuna raacnay cilmiga si aan horukac ula samayno?

Taariikhdeenna diineed oo dhan miyaa ay jirtay cadaawad ka dhex qaraxday diinta iyo sayniska si la mid ah sidii ay yurub uga qaraxday ama kala baydadka dareenkeenna gudaha ee aadanaha iyo Alle miyaa uu ina ku dhacay sida ay dareengudeedka reer yurub uga dhacday sheekabaralaydii Baramiithiyaaskii dabka xaday?[1]

Haddii ay yurub rumaysay xayawaannimada aadanaha sababtii ay doonataba ha u gaysee, bariga leh: rooxaaniyadda guunka ah, caqiidooyinka faca weyn iyo qummanaantiisa dhinacyada arrimaha aadanaha, qummanaan tobannaan kun oo sano soo taxnayd, tan iyo markii ay diintii u horraysay ifkeedu u soo baxay, diintii nebi Ibraahim; barigaasi miyaa uu maalin maalmaha ka mid ah-cimrigiisa xilli uun ka mid ah, awoodi doonaa in uu si dhab ah u aammino xayawaannimada dadka?

Haddii ay yurub ka soo guurtay falsafadda khayaaliga ah ee hawada heehaabaysay ama marnaanta ku meeraysanaysay, ee ay u soo wareegtay falsafad maaddo baraxtiran ah oo aan rumaynayn wax la taaban karo wax aan ka ahayn, taa oo ka dhignayd falcelin maangal ah oo ay ka bixisay dhacdooyinkii halkaa ka taagnaa, falcelin ku aaddan xaaladihii lagu dhisay seeska hallaysan ee ay ka tagtay falsafaddii khiyaaliga ku dhisanayd ee quruntay ee soo udhee dixirigu ka buuxay, ee haddana cooshaddeeda ka baadigoobaysay waxa maaddada ka shisheeya iyo waxa ka dambeeya dabiicadda, hadde

1 Waa sheekabaralay Giriiggii hore ka soo jeedda oo matalaysa loollanka u dhexeeya dadka iyo Ilaahyada isku haysta naarta muqaddaska ah ama ogaalka. Dadku waxay xadeen naartii muqaddaska ahayd, Ilaahayda ayaana si aad u daran u ciqaabay. Si walba oo ay u tahay sheekabaralay sanamcaabud ka soojeedda, waxay si aad u gundheer ugu dhuumatay dareenbeelka reer yurub, waxayna qaabaysay dareenkooda dhabta ah ee Alle ku aaddan, waxayna sidaa ku noqoqtay xiriir ku dhisan kalabaydad iy iskudhac ee aan ku dhisnayn xiriir jacayl iyo gacaltooyo.

miyaa ay taariikhda islaamka hore uga dhacday iskahorimaad ka dhexeeya khayaaliga iyo maaddada, ruuxda iyo jirka, waxa loojeedo iyo waxa aan loojeedin? Mise labadaani fikirka islaamka dhexdiisa way isku milmeen tan iyo bilowgii, oo dadku waxay ku noolaayeen dhulka ayada oo ay qalbiyadoodu cirka ujeedaan, ayaga oo shaqaynaya, jihaadaya, arlada dhisaya, wax baranaya, wax curinaya, cunaya, guursanaya, si deggan oo xasiloonna isaga haqabtiraya baahiyaha dhulka, isla markaana qalbiyadoodu ay ku xiran yihiin Ilaahay oo ay raallinoqoshadiisa u hanqaltaagayaan, xisaabta aakhiro u shaqaysanaya, qaybta ay dunida ku leeyihiinna aan moogaanayn?

Miyaa ay nolosheenna soo martay in ay warshaduhu shaqaalaha dulmiga ka kacdoomay ay ku dhagraan shaqaalaysiinta dumarka oo ay ku beddelaan, deetana ay haweenka siiyaann kalabar joornaatadii raggu qaadan jireen sida yurub ka dhacday, oo dabeetana haweenaydii ay u istaagtay dalbashada mushahar u dhigma kan ragga? Miyaa ay taariikhdeenna oo dhan ka dhacday in aan haweenayda haweennimadeeda darteed ku siinnay kalabar joornaatadii ay ku mutaysatay rafaadkeeda iyo ka shaqaynta warshadda ama goobta ganacsiga ama beeraha?[2] Miyaa ay taariikhdeennii hore ama tan hadda ah ay dhacday tusaale ahaan in aan hablaha macallimiinta ah siinnay mushahar ka yar mushaharka macal-

2 Haweenaydu waxay qaadataa kalabar ninku inta uu dhaxalka ku qaato, waana xoolo aanay tacabgashan. Xikmadda ku jirta qaybintaasna waa in ragga loo diray in ay qoyska biilaan, laakiin haweenayda arrintaas looma dirsan. Laakiin joornaatada shaqadu wax xiriir ah lama leh qaacidadaan u goonida ah dhaxalka.

limiinta sida ay ilaa waqtigaan[3] Ingiriisku sameeyaan, sababtuna ay tahay in haweenaydu ay qaadato fasaxyo uur, dhalmo iyo nuujin ayada oo aanay raggu qaadanayn fasaxyadaan oo kale? Waxyaabahaan liita ee ay tixgelinayaan miyaa ay weligood hor istaageen tixgelinta aadannimo ee baraxatiran ee dareenka barigu uu weligiiba huwiyo arrimahaan oo kale?

Ma waxaa ina dhex maray dagaal burbur ah oo halligay malaayiin dhallinyaro ah, deetana diinteennu ay ina ka mamnuucday in uu ninku guursado wax ka badan haweenay keliya oo markaa gabdhaheenniina ay sidaa ku waayeen qaybtoodii nadiifka ahayd ee ilaalinta, dhaqaalaynta iyo baahidooda jinsi, sidaana ay ku fasahaadeen ayada oo ay baahidaasi dabada ka riixayso?

Ma waxaa nagu dhacay in aan si kedis ah beeraha uga guurnay oo aan warshado u guurnay, ka dibna shaqaalihii laga soo qaatay miyiga oo magaalo la keenay ayaga oo aan la siin fursad ay ku naalloodaan, qoysaskooda ku soo rartaan, xaaladdoodu ku xasisho, oo deetana ay arrintaa ka dhalatay hallowga dhallintii magaalada iyo lumiddii hablaha?

Maxaa kale?

Intaa oo dhan midkoodee ayaa taariikhdeenna dheer ina la soo guudboonaaday si ay si maangal ah inoo gayaysiiso kala furfuran iyo akhlaaq la'aan?

---

3 Xilliga uu qoraagu ka hadlayo in loo fiirsadana waa muhiim. Kollay daabacaaddiisii koowaad waxay ahayd 1992-dii. Sida aynu ka arki doonno dhawr bog ka dib, marka uu jaamacadaha sheegayo in ay xilligaas ahayd bartamihii lixdamaadka, maantana ay yihiin toban iyo afar. Halkaana waxaa la ga dheehan karaa in uu buugga qoray wax badanna ka hor xilliga la daacay. T

Wax baa dhacay? Ma waxaa dhacay wax aan ka ahayn gumaysigii yurub ee bariga; gumaysiga aan dhulka ku addoonsan ciidankiisa oo qura e, sidaa oo kalana gumaystay qalbiyada, arwaaxda, dareennada iyo fikirrada?

Aan warka caddayno... aan dhahno waxaannu gumaysiga galbeedka ugu dayanaynaa sida addoommada ama sida daanyeerrada

Ka shacab ahaan, qoraayo ahaan, mufakiriin ahaan, miyaynu fikrad cad ka haysanna bulshada aynu doonayno? Fikirradeeda, dareennadeeda, akhlaaqdeeda, iyo caadooyinkeeda? Miyaa aynu fikrad cad ka haysannaa dhaqannadee bay tahay in ay sii jiraan, kuwee ayay se tahay in ay tirtirmaan?

Fikrad ma ka haysannaa suuradda aan rabno in ay u ekaadaan barbaarteenna iyo gashaantimaheennu? Ilaa xaddigee ayaa ay xornimadoodu gaari kartaa, maxaa se xakame u noqonaya? Mise waa xakame la'aan furfuran?

Gabadhu meeshii ay doonto miyaa ay aadaysaa? Saaxiib miyay yeelanaysaa? Saaxiibkeedaa ma ogaysiinaysaa qoyska? Mise waa ay qarsanaysaa? Qoysku marka ay ogaadaan ma xanaaqayaan? Mise sidii in aysan ogayn oo kale ayaa ay u indhalaabanayaan? Mise waa ay ku farxayaan oo saaxiibka waa ay soo dhawaynayaan?

Gabadhu ma ayada oo keligeed ah ayaa ay ninka ay u doonan tahay u raacaysaa shaneemada, masraxa iyo beerta nasashada ama meel aan la ogayn? Ma qof qoyska ka mid ah ayaa wehlinaya? Qofkaas shaqadiisa dhabta ah maxay tahay?

Ma waxay ku baxaysaa toobka ay u bogto? Duntiisa iyo qaabka loo tolayo ma waxay ka dhiganaysaa mid xabad qaawan ama dhabar qaawan ama dhudhumo qaawan? Ma qosyka ayaa korjoogtaynaya mise ayada uun baa dooranaysa?

Marka ay baxayso ma la weydiinayaa meesha ay aadayso? Mise taasi waa danaheeda gaarka ah oo qoysku ma faragashan karaan? Ma dusha ayaa ay kala soconayaan mise si dhow bay uga warqabayaan ama se ayada baa hoggaanka loo sii daynayaa?

Haddii ay xilli dambe soo laabato ma la weydiinayaa: halkee jirtay? Mise taa ayada ayaa xaq u leh oo xor u ah? Haddii ay tiraahdo: saaxiibtay baan casharrada la muraajacaynayaa, ma sidaasaa lagu daynayaa mise waa laga la doodayaa? Qaabkee ayaa se looga la doodayaa? Ma sabaansabid iyo xeeladaysi? Mise isfaham cad? Mise waxaa lagu handadayaa awoodda qoyska iyo ciqaabta?

Ilaa xaddigee ayaa ay wax baranaysaa haddii aanay duruufaha dhaqaale caqabad ku ahayn, maxay se baranaysaa?

Ujeeddada waxbarashadu waa maxay? Ma mid shaqo oo shaqo keliya ayaa loo dhiganayaa? mise shaqo nin lagu helayo? ama se shaqo lagu dareemayo xornimo?

Dhinaca kale: ma meeshii uu doono ayaa uu inanku aadayaa? Ma waxa uu samaysanayaa saaxiibad uu baahiyaha jinsi isaga haqabtiro-kulligood ama hadba intii u fududaata? Waxaas oo dhan miyuu muujinayaa oo qoyska iyo bulshada hortooda buu ku samaynayaa? Mise dhuumasho iyo qarsoodi? Qoysku marka ay ogaadaan mowqifkee bay ka qaadanayaan? Markaana hagid noocee ah ayaa uu helayaa? Mise aslanba la hagi mayo?

Waa maxay mowqifka inanka qoysku uu aabbaha ka taagan yahay? Miyaa uu ixtiraamayaa oo uu ka amar qaadanayaa mise waxa uu u ixtiraamayaa wadaqashayn guud? Mise maba ixtiraamayo? Mise meel dhexe oo aan ihaano iyo karaamayn toonna lahayn buu ka istaagayaa?

Wiilku ma asagaa gabadha isu doonaya mise waa loo doonayaa?

Yuu guursanayaa? Ma gabar ay isku arkeen jidka ama shaneemada ama goobaha damaashaadka? Mise gabar ay wada shaqeeyaan ama ay wax wada bartaan? Mise gabar uusan asalkaba aqoon?

Waa maxay shuruudihiisa guurku? Sidee ayaa uu ku ogaanayaa in ay shuruudihiisii buuxisay? Miyaa uu la saaxiibayaa oo uu la soconayaa oo waxa uu rabo la walaaqanayaa, deetana uu soo doonayaa? Mise si dhawrsoon uun buu ula rafiiqayaa? Dhawrsanidaasi waa ilaa xadkee? Dhunkashada iyo hab siinta ma waxaa lagu tirinayaa dhawrsashada mise fuxshiga? Muxuu se falayaa haddii uu ogaado in la saaxibiddiisa ka hor ay la socon jirtay hebel iyo hebel, waxa hadda ay la samaysayna ay la samayn jirtay? Ma waxa uu u qaadanayaa in waaqacu sidaa yahay mise madaxa ayaa uu hoos u ridanayaa mise waa uu ka didayaa oo ka dhiidhinayaa? Sidee ayaa uu ku hubsan karaa in ay jeceshahay? Ma marka ay isu dhiibto buu u qaadanayaa in ay jeceshahay mise marka ay isudiiddo? Mar haddii uu xaasnimo ka rabo ilaa xaddigee ayaa uu jirkeeda ka dalbanayaa?

Haddii ay u oggolaato se sidee ayaa uu u arkayaa?

Arooska ka dib se? Raggii ay ayada wada socon jireen miyaa uu ka reebayaa, asagu se ma ka harayaa hablihii ay wada socon jireen? Mise si wada jira bay ugu kulmayaan goobaha dadweynaha?

Ninkeeda saaxiibaddiis guriga ma ay ku soodhawaynaysaa? Haddii uu maqan yahay iyo haddii uu joogaba miyaa ay soodhaweynaysaa? Mise marka uu joogo keliya? Maxaa se dammaanad ah?

Intaan, boqollaal iyo kumannaan la mid ahba waa ay jiraan e, innaga, shacabka qoraayada iyo mufakiriinta ah ma leennahay fikrad cad iyo ujeeddo qeexan? Mise arrinka barakada iyo sida duruufuhu keenaan baan u daynaa?

Aan warka caddayno. Aan niraahno weli ma aannaan helin fikrad cad, ujeeddo qayaxan innaga oon lahayn ayaana iska noolnahay.

Ma shacab dhaqanka ku dheggan baan nahay? Mise shacab isxoreeyay? Mise kan iyo kaaba ma nihin?

Ma ku jiraan qaybaha bulshada tii ay doontaba ha noqotee, qaar leh dhaqanno u cad iyo sawir qeexan oo ay ka haystaan? Miyiga ama magaalada; xoogsatada ama shaqaalaha; Shaqaalaha yar ama kuwa waaweyn; aqoonyhanadda ama jaahiliinta; tan shaqaysa ama tan aan shaqaynin; tan xaaska ah ama gashaantida; kan Yurub wax ku soo bartay ama kan Masar wax ku bartay; ka saqaafaddiisu galbeedka tahay iyo ka ay bariga tahay;

qaybahaan oo dhan middee ayaa leh suurad keliya oo kuwa kale tilmaan cayiman kaga soocmaysa?

Mise qayb walba wax baa ka ga jira noocyadaan: kan dhexdhexaadka ah, kan aragtidiisa ku dhagan iyo midka cayaalsuuqa ah?

Dhanka kale, haddii aan qaadanno mid ka mid ah noocayada dhaqannada ee leh: xagjirnimo, dhexdhexaadnimo iyo faxsharnimo, ma waxa ay ku koobnaanaysaa qayb bulshada ka mid ah oo cayiman? Mise si aan kala sooc lahayn ayaa ay ugu fidaysaa qaybaha bulshada oo dhan?

Tusaale ahaan, haddii aan qaadanno in ay gabdhuhu korjoogtayn la'aan soo baxaan, ma qayb cayiman oo bulshada ka mid ah ayaa uu u badanayaa? Aqoonyahanka oo kale tusaale ahaan? Mise dadka caasimadda ku nool? Mise qoysaska ay gabdhahoodu jaamacadaha dhigtaan? Mise qoysaska madaxda? Mise kuwa shaqaalaha?

Mise dhaqankaani waxa uu saamaynayaa dabaqadaha bulshada oo dhan, kooxaha oo dhan iyo qayb walba?

Haddii aannu qaadanno in gabdhuhu dhaqanka ku dhegganaadaan oo aanay la hadlin ajnabiga, aysan kuna milmin ragga, ma badi dalka oo dhan baa laga ga dhaqamayaa? Mise qoysaska saqaafadda diineed leh bay u gooni ahaanaysaa? Mise dabaqadda dhexe ama qayb uun bulshada ka mid ah? Mise si jaantaarogan ah baa bari iyo bogox lagaga dhaqmayaa?

Haddii aan qaadanno in uu aabbuhu ilaaliyo gabdhihiisa ama aan qaadanno aabbaha gabdhihiisa suuqa ku baayacaya ama aabbaha aan wax dan ah ka lahayn, mid ay noqotaba ma qayb cayiman bay ku ekaanaysaa mise si aan nidaamsanayn baa loogu dhaqmayaa?

Aan warka caddaysanno. Aan niraahno: arrimahaan shacab kuma nihin e, shaqsiyaad kala firiqsan oo aanay midnimo ka imaanayn, dabeecad u gaar ah iyo ujeeddo la fahmi karan aan yeelanayn baan nahay.

Gabadha badda aadaysa ayada oo qaawan ee aan xirnayn wax aan ka ahayn kastuumo iyo kayshali, kolka ay laafyoonaysana muujinaysa wax kasta oo u qarsoonaa, ciddii dareenkeedu kici lahayd kaakicinaysa, ee leh cayaar baan u socdaa! Dadoow, qalbi engaygga iyo annaaniyadu ma waxay idin la gaareen heer aad ka qadisaan ciyaarta oo ah xaqeeda dabiicigaa? Badda, ma raggiinna keliya baa iska leh? Ma waxaa dabiicada loo uumay in ay ragga keligood ku baashaalaan? Cayaarta lafteedu se ma xaaraan baa, waaryaada?

Maya! Xaq bay u leedahay in ay cayaarto, in ay badda aaddana xaq bay u leedahay. In ayada oo qaawan oo aan nigis iyo kayshali maahee wax kale qabin ay dabaalato, deetana ay carrada xeebta ku qorraxaysatana xaq bay u leedahay.

Ujeeddadeedu soo intaa uun ma aha? Mise waa wax kale?

Aan u oggolaanno ciyaartaan iyo dheel kasta.

Waxaan ragga u samaynaynaa xammaam u gaar ah, hablahana mid u gaar ah.

Allayeey! Maxaa dhacay? Maxay gabadhaani u kacdoonsan tahay? Kun gabdhoodna ay ula kacdoomayaan?

Soo ciyaar ma aanay rabin oo uma aynaan oggolaan?

Aan warka caddayno. Ma doonayso cayaarta lafteeda ama cayaar keligeed ah ma ay rabtee, waxay doonaysaa dhoollatus, raaxada dhoollatuska iyo in ay dareenka dhallinyarada kiciso.

Gabadha ku lebbisan toobka haafka ah ee shafka qaawan, ee kilkilaha bannaan [t shirt japonais] ee jidka maraysa ama gaariga ku jirta ama rag iyo dhallin la fadhida goobta khammaarka ee leh xor baan u ahay xulashada dharkayga, waa gabar isxoraysay oo xaqiijinaysa qofnimadeeda xorowday e, maxaad ka rabtaan dadyahow? Maxaad u tihiin? Maxaa shuqulladeeda idiin geeyay? Xiriirka aad la wadaagtaan iyo masuuliyadda idin ka saaran maxay tahay? Nafteeda ayadaa xor u ah oo waxa ay rabto ku samaynaysa e, ma xorriyadda haweenkaad xakame ku xiraysaan? Ma madaxbannaanideeda jireed baad laalaysaan? Ma addoonsanaysaan? Ma waxaad ka dhigaysaan mid ragga u dabafariisata waxa ay ku lebbisanayso oo aan nafteeda waxa ay rabto u dookhi karin?

Maya. haweenayda addodonsan mayno, mid ninka ka dambaysana kama dhigayno.

Shaqsiyadddeeda xorowoday bay leedahay.

Laakiin se ma dhab baa in ujeedka gabdhu ay tahay xorriyadda? Miyaa ay tahay qaddiyad nafsadeed, ruuxeed iyo fikir oo ay aamminsan tahay, ayna doonayso in ay xaqiijiso?

Aan daawanno.

Miyaanay ujeedin barbaarkaan ay laabteeda qaawani kicisay dareenkiisa xayawaannimo, ee indhaha ku fagiijinaya waxeeda muuqda iyo waxeeda qarsoon, ee labadiisa indhood ee hamuumanna ku raamsanaya? Maxay se ka qabtaa? Maxay ka qabtaa eegmadiisa si walba oo ay muuq ahaan uga xun tahay? Miyaanay xisaabtaba ku darsan? Miyaanay ku xisaabtamin in xabadkeeda qaawan, xarragadeeda dareentaabadka ah, iyo eegmadeeda soojiidashada leh ay kicinayaan xawaannimada ku duugan [barbaarkaas]? Miyaanay arrintaas hubin ilaa xad tan iyo markii ay toobkaa xiranaysay iyo xilligii ay soo baxaysay? Maxay se ka qabtaa? Toobka haafan ma iskeed bay u xiratay? Mise inankaan hamuuman-inan walba oo baahan, in ay indhihiisu ku dhacaan muuqaalkaan dareentaabadka ah? Sabab? Maxay ugu xisaabtantay markii ay xiranaysay, maxay se ugu xisaabtantay kolka ay horfariisato ee ay sugayso ilbiriqsiga ay ishiisu qabanayso? Ma waxay ugu xisaabtantay in ay xorowday darteed? Mise baahida jinsi ayaa gunteeda hoose addoonsanayna- addoonsiga xayawaannimada ayada ku duugan iyo xoolannimada asaga ku duugan?

Aan warka caddayno. Isxorayn dhaqankeedu ma aha e, waxay ku dhaqmayso waa in ay si buuxda addoon ugu noqotay baahida xayawaannimo.

Joornaaliistaha jariiraddiisa hablaha ka shaqaalaysiinaya waxa uu leeyahay: waxaan ka shaqaynayaa xoraynta haweenka aa aan ku saacidayaa in ay faraha la gasho shaqo walba oo ay kartideeda ku muujinayso, shaqsiyaddeedana ay ku xaqiijinayso. Waxa uu leeyahay: haweenaydu waxay xaqiijisay in ay ninka ka karti badan tahay, shaqo qabashadana ay kaga fiican tahay. Waxa uu leeyahay: way uga adkaysi badan tahay shaqada, wayna uga daacadsan tahay. Waxa uu leeyahay oo leeyahay.....

Ma dhab baa in uu ka shaqaynayo xoraynta hablaha iyo caddaynta kartidooda?

Mise waxa uu ka dhiganayaa shammaag uu ugu ugaarsado shaqadiisa weriyannimo? Waxa uu u dirayaa in ay wararka u soo dabto asaga oo si dhab ah u og in wax yar oo ay xaggaa isu qalloociso iyo furfurnaan dareentaabad ah oo ay dhanka kale ka muujiso ay dibnaha xiran furaan, waxa laabaha ku qarsoonna ay soo bixiyaan ama waxa uu u daayaa xafiiska oo waxaa isku meegaara dhallinyarada oo shaqada daacad ugu noqda si ay ugu raaxaystaan gabadha wehlisa?

Milkiilaha jariiraddu marka uu gabdhaha shaqaalaysiinayo arrintaan ma ku baraarugsan yahay mise ma ba dareensana?

Aan warka caddayno. Waa ganacsi sida ka ganacsiga addoommada cadcad ee darbiyada gadaashooda iyo bannaankooda ka socda.

Qoraayada u ololaynaya xoraynta iyo dhallinyarada qoraayada la dhacsan.

Ma ka daacad baa olalaha xorayntu? Ma dhab baa in dibdhaca dumarka iyo addoonsashadoodu ay xanuujisay? Ma damiirkooda ayaa u dabcay haweenka arlada ku caddiban oo waa ay u ilmeeyeen?

Ma dhab baa in ay doonayaan in haweenaydu ay shaqsiyaddeeda ku baraarugto oo ay jiritaankeeda muujiso?

Ma dhab baa in midiba uu doonayo xaas xor ah oo ka mid ah kuwa khayaaligiisa ugu sawiran ee uu u ololaynayo-xaas ninka la xisaabtanta oo dareensiisa in ay dhiggiisa tahay, wax aanay raalli ku ahaynna uusan go'aansan, xaas doonaysa in ay baxdo oo ay soo laabato xilligii ay doonto, meeshii ay doontana ragga ku milanta?

Mise xaaska noocaa ah uma uu laab furna oo waxa uu lacnadaa maalintii ay xorowday, sidaa oo ay tahayna waa uu u ololeeyaa?

Ololihiisa ma u daacad baa? Mise wax kalaa dabada ka riixaya?

Ma dhab baa in uu xorriyad uun ka rabo xoraynta haweenayda mise waxa uu doonayaa in ay noqoto mid si fudud lagu laaci karo oo la joogta carwada, warshadda, xafiiska iyo dariiqa, si uu u helo baashaal fudud oo aanay caqabado isaga gudbin, dhaqammaduna aanay ka horjoogsan?

Aan warka caddayno. Waa uun baahida helidda haweenay e, ma aha xorriyad u raadin.

Gabadha jaamacadda aadaysa ee sida kuwa jaasa isu qurxisay ee isu qaawisay sida kuwa........, waxay leedahay: aqoon baan rabaa.

Waa sidaa!

Ma aqoonta ayaa dharkaan dalbanaysa? Mise aqoonta ayaa dhaqdhaqaaqaan jireed doonaysa?

Ma aqoonta ayaa doonaysa qosolka dareentaabadka ah iyo iljabinta dareemmada faarfaaraysa?

Ma aqoonta ayaa doonaysa ciddiyaha la midabbeeyay iyo rooseetada?

Ma aqoonta ayaa dalbanaysa in kafateeriyada lala fariisto barbaarta xilliyada xiisadaha laga nasayanyo ama xiisadahaba looga soo dhuumanayo?

Ma aqoonta ayaa doonaysa ballamaha la isla cidloonayo ayada oo lagu andacoonayo wax wada akhris ayada oo aan waxba la muraajacaynayn?

Ma aqoonta ayaa dalbanaysa in macallinka la laqdabeeyo, lana soojiito ku-celiyaha casharka?

Ma aqoonta ayaa dalbanaysa in jaamicadda laga dhigo goob lagu jaaso, masrax iyo maxfal bandhigeed?

Ma aqoon baa ka guuxaysay markii ay inantani gurigeeda ka soo baxaysay? Mise jaamacdda waxay u aadday ugaarsi?

Aan warka caddaysanno.

Jaamacaduhu maanta waa afar, laba ka mid ah ayaa Qaahiro ku yaalla[4].

Kolkii ay dalbadeen gabdhaha dibusocdka ah ee jaamacadaha aqoonta u soo aada, ee ay nafahoodiina ku dacaroodeen qurunka rooxaaniyadeed iyo fikir ee ay qooshtaan hablaha iyo barbaarta aan lahayn ujeeddo ugaarsasho mooyee wax kale; ugaarsiga xoolaha; markii ay hablahaasi codsadeen in loo sameeyo jaamacad gooni ah oo ay ku bartaan aqoonta, fasahaadkana ay kaga fogaadaan, waxaa lagu diday saxaafaddii xoraynta, kii u hadlayayna waxa uu yiri: xaggee ka keenaynaa faarado, xaggee se ka helaynaa agab? Xaggee ka keenaynaa barafasoorro iyo barayaal annaga oo ay intaba mushkiladi naga haysato?

Haddii aan maanta afarta jaamacadood hablaha dhigta isu gayno, miyaanay jaamacad iyo ka badanba buuxinayn? Soo ma aha isla faaradihii, isla qalabkii, isla barafasoorradii iyo macallimiintii oo aan dheeri iyo nuqsaan midna lahayn?

Aan warka caddayno. Awoodaha ma aha e, waa sida waallida ah ee loogu baahan yahay isdhexyaaca.

Walaalka walaashii u dirsanaya in ay naago saaxiibbo la noqda u keento, miyaa uusan meertada madixiisa ku sawiranayn oo uusan ogayn waxa aan la huri doonin?

Ma waa uusan ogayn in uu waddada u xaarayo marka

4 Xilligaas waxay ahayd bartimihii lixdanaadnka, maanta se waa toban iyo afar jaamacadeed.

uu sida dallaalaydii addoommada ugu adeegsanayo in ay gabdho u keento? Ma waa uusan ogayn in ay og tahay waxa uu ku falayo hablaha uu isku bedbeddelanayo? Ma waa uusan ogayn in ay dareensan tahay in sidaa looga haqabtirayo baahida dareenkiisa? Haddaba, ma waa uusan ogayn in uu waddada u xaarayo oo aan laga fursan doonin in ay ayaduna saaxiibbo raadsato oo ay ka dayato asaga saaxiibbadi ama sidii kale ee ay ku heli karto?

Waa maxay Mowqifkiisu?

Ma waxa uu raalli ku yahay in si uu baahidiisa jinsi ee liidata uu u dharjiyo, uu walaashii fasahaadka baro oo uu jidkaa u horgalo?

Ma se u malaynaysaa in uu arrintaas soo dhaweeyo; laga yaabee inta ay ugaarsiga ku jirto in ay ugaar qaali ah hesho?

Aan warka caddayno. Wuxu waa qurun laga wiswiso oo ay xayawaankuna ka santaagaan.

Aabbaha ay gabadhiisu u soo laabanayso habeenkii xilli dambe, warsanaya ee ay ugu warcelinayso in ay saaxiibteed muraajaco la samaynaysay, ma og yahay? Ma se dareensan yahay?

Ma og yahay in inankii ay la joogtay uu albaabka guriga keenay, subaxdiina uu ku sugayo?

Marka uu ogaado se mowqifkiisu muxuu yahay?

Marka uu qalbigu gilgisho ee uu dego oo uu aammuso, uuna u muujiyo in uu raalli ka yahay, ma waxa uu u malaynayaa in ragannimadii ay wax uun kaga sii harsan tahay?

Mase u malaynaysaa in uu si hoose u dhoolacaddeeyo oo uu dhaho: shaxaariyad weeye gabadhu! Goormee ayaa uu dirucu soo doonan doonaa?

Aan warka caddayno.. Wuxu waa qurun laga wiswiso oo ay xayawaankuna ka santaagaan.

Waa maxay xadka sharaftu?

Marka ay gabari guriga ka baxdo ayada oo shaf qaawan, wejigu dharooban yahay oo laafyoonaysa, waxay u ololeeyayaasha xorayntu isugu qayladhaansadaan: fadhiid yahow maxaad rabtaan! Sharaftu ma lebbiskaa? Ma qolofta sare ee jirka baa lagu cabbiraa? Ma santi iyo qiiraad?[5] Waa gabar qumman oo aan dan kale lahayn. Waa gabar sharaf leh.

Marka ay la saaxiibto barbaar ay shaneemada ama goobaha nasashada ee lagu faqo ay isu raacaanna waxay u ololeeyayaasha xorayntu ay isugu qaylogaystaan: maxaa ka si ah? Maxaa dhacay? Waa faq dhawrsoon e, male xun mooyee ma waanay wax kalaba idin ku soo dhacayn? Waaryaada, waxsan dadka ka malaysta. Xumaantu waxay keliya ku jirtaa maskaxdiinna ay ka buuxsameen kutirikuteenta[6], foolxumada iyo malamalayntu. Waa barbaar fiican oo raba in uu si hufan u

5 Carat.

6 Kuweennu waxayba dhahaan 'baar ayaa madaxaaga ka furan,' ayada oo aynu ognahay in halka ugu dambaysa ee loo socdaba ay tahay baarkaas in si waaqic ah loo sharciyeeyo. T

damaashaado.

Marka uu hab siiyo ee uu dhunkado, wixii la mamnuucay qaarkeedna ay ku yara farakacayaaraan, kuwii xoraynta u ololayn jiray ayaa isugu habarwacda: ma wax baa dhacay? Ma sharaftii baa la dhaawacay? Inanta ma wax baa iska dhimay? Ma dunidaa gilgilatay oo biqlaysay? Waaryaada! Dunidu way bedqabtaaye, daaya hawluhu ha socdaan e. Waa wax yar oo saaxiibnimo wacan ah. Waa farakacayaar aan xadka ka tallaabin.

Markii ay istiimbiyaan waxay ku hadaaqaan kuwii xoroobidda u ololaynayay: ilaa goormee ayaa ay habfikirkiinna iyo qiimayntiinna arrimuhu ay dibusocod sii ahaanayaan? Sharaftu ma walax la taaban karo baa? Sharaftu waa gudaha nafta iyo dareenka. Waa gabar jacayl ku dhacay, dareenkeeduna uu qafaashay, deetana daraaddii wax walba u hurtay. Waa gabar dareenkeedu wacan yahay. Way sharfan tahay mar haddii aanay ciddii ka doontaba jirkeeda ka iibinayn ee ay jacaylkeeda iyo halyaygeeda uun daacad u tahay.

Deetana waxaa ay jirkeeda ka iibisaa kii doonaya, suuqa ayayna u dhaadhacdaa.

Sidaa oo ay tahayna qoraayada qaarkood waxay la soo baxaan faxsharnimo dheeri ah oo waxay ku magacaabaan: dhillaysiga sharfan! Waxa uuna difaacaa sharaf ku duugan dhillaysiga.

Aan warka caddayno.. Waxaan nahay ganacsatada addoommada ee doonaya in ay dhillaysiga faafiyaan!

Qoraaga jariiraddiisa qisadaan ku qoraya:

Haweenay ayaa fariin u soo dirtay oo la tashanaysa.

'Waxaan caado u lahaa marka aan aniga iyo ninkaygu isfahmi weyno in aan qolkayga galo oo aan albaabka isku soo xiro, deetana uu ninkaygu yimaado oo uu albaabka soo gargaraaco, uu soo galo, aan iska cafiyo, sidaana uu isfahmiwaagii ku dhamamado.

Markii u dambaysay waxaa na dhex maray isfahmiwaa aad u daran, ninkaygiina si ba'an ayaa uu u carooday. Waan kacay oo qolkaygaan inta galay ku sugay. Ninkaygii sidii la arki jirayba albaabka igu ma soo garaacin, in uu cafis i weydiistana iiguma uusan imaan. Waan carooday. Hoostaan furaha kaga rogtay. Waxaan isku la hadlay in haddii uu yimaado aan albaabka ku canaado oo aanan si sahlanna ugu dhaafin. Laakiin ma uusan imaan. Caradaydii way sii korodhay. Maalintii oo dhan qolkaygaan isaga jiray, mana uusan imaan. Albaabkaan furay mise ninkaygii guriga wuu isaga tegay. Waan sii carooday. Waxaa jiray nin deriska ah oo i maagi jiray, danna aanan u geli jrin. Laakiin maanta waan dhiirrigeliyay, keliya si aan ninkayga uga xanaajiyo. Balse, ninkaygii dan uma uusan gelin. Waan sii carooday. Waxaan sii kordhiyay dhiirrigelintii deriskayga, gurigayga ayaana ku martiqaaday. Ninkaygii dan iga ma uusan gelin. Waan ismadaxmaray. Waxaan go'aansaday in aan ninkayga khiyaano oo aan deriskaygii la tunto. Dhab ahaantiina waan khiyaanay. Maxaad igu la talinaysaa?'

Qoraaga sheekadaan qoraya, ujeeddadi? Ma dhab baa in uu doonayo soobandhigidda mushikladda? Ma se dhab baa in uu doonayo in uu gudbiyo cibraqaadasho?

Mise waxa uu si dhab ah u og yahay waxa ay qisadaan faafinteedu ku reebayso nafaha akhristayaasha-faallada uu raaciyo waxay doontaba ha noqotee?

Waa maxay shaqadiisu? Bulshada shaqo noocee ah ayaa uu u hayaa? Kaalintee ayaa uu se qaadanayaa?

Aan warka caddayno. Waxa uu si dhab ah u og yahay in sheekada faafiddeedu ay yool kale xqiijinayso. Waa kicinta dareenka jinsiga, jilcinta mareegta akhlaaqda, iyo in uu marada xishoodka ku jarjaro in uu ceebahaaan iyo foolxumooyinkaan u faafiyo sidii oo ay yihiin nolosha dhabta ah. Waaqac ay ku faanayso tii samaysay oo ay ka sheekaynayso-waaba haddii ay cid samaysay e.

Isdhexyaac qumman.

Halkee laga helaa? Waa maxay xuduuddiisa dhabta ah? Jihooyinka arlada se halkoodee ayaa ay aadanuhu ka helayaan?

Miyaa ay jirtaa arlada meel ka mid ah oo uu ka jiro wax la yiraahdo: isdhexyaac qumman?

Faraha ka qaad haraadiga dareennada iyo hambada shahwada nafta. Waxaan isdhexyaac qumman ku magacaabaynaa in Allaale iyo intii aanay dhicin iskudhegid jireed iyo fulinta waxa laabta ka guuxaya. Haddaba, halkee ayaa uu ka jiraa isdhexyaacaan qumman? Ma xafladaha dugsiyada lagu dhigo ee korjoogtaynta dabagalayaasha hoos yimaada? Mise guryaha ay waalidku masuulka ka yihiin?

Haaheey. Waa dhab. Xafladahaan way noqon karaan isdhexyacaan qumman. Korjoogtada ayaa taagan, waalidkuna waa ay eegayaan, eegmo qumman iyo hadal aan qarsoodi ahaynna ma suuroobi karaan.

Xafladdu waa ay dhammaanaysaa, wiilashii iyo gabdhihiina waa ay baxayaan.

Sheekadu ma intaan loo jaangooyay baa ay ku eg tahay?

Oo yaa sidaa yiri?

Yaa yiri: ma jirayaan kulammo gaargaar ah oo wax walba oo aan qummanayn lagu samaynayo?

Waa maxay waallidaan jinsi ee maraykanka, iyo dhillaysiga faxsharkaa ee Yurub iyo fuxshinnimada aan waxgaari karaba lahayn?

Dhallintu ma waxay quuteen isdhexyaacii qummanaa oo jinsigii inta ka dhargeen ayaa ay dambiga ka dhawrsadeen?

Ma qiime ayaa uu leeyahay Isdhexyaaca quumani mar haddii uusan lahayn yool oo uusan dambiga baajinayn? Maxay tahay qiimaha uu u leeyahay nolosha dhabta ah?

Waxay Yurub ku andacootay qarnigii tegay in ay ku hanuuntay isdhexyaacaan qummaan oo ay xal ugu heshay mushkiladda jinsigii caddibnaa. Deetana waxay indhaha ku kala qaadday natiijadiisii! Waxay aqoonsatay in wax yarna aanay kaga harayn qummanaantiisii, markaa ka dibna qoraayadoodu dib dambe wax ugama aanay qorin isdhexyaaca qumman.

Naftooda ayaa ay warka u caddeeyaan. Waxay dhaheen: waan doonaynaa isdhexyaaca, natiijadiisuna waxay doonto ha noqoto!

Annaguna weli waxaan ku celcelinaynaa cajalkiii hore. Cajaladdii adeegsi xumada ku kharribantay.

Aan warka caddayno. Si cadna aan isdhexyaaca u dalbanno, natiijadii uu doono ha lahaado, saamayntay doontana ha ka dhalatee.

Indhahaan habowsan ee dabayaacaya gabadhii la arkaba ee madax iyo majaba la raacaya, wax qarsoon iyo wax asturanna baarbaaraya; nafahaan maqan ee ku meegaaraysanaya uumiga jinsiga, buka ee aan ka toosayn riyadeeda raabbiyada qabta, ee dhareerku uga daadanayo muuqii xaadda kicinayaba, ee iska laallaadinaysa khayaal walba oo wasakhaysan oo hamuuman; Goosankaan barbaarta ah ee gabadhii ay arkaanba sidii Ey raabbiyo qabta u bursanyaa; kuwani ma uumiye aadane ah baa? Ma nafo kheyr laga filanayo baa? Ma dhudhummadii ummad dhisi lahaa baa?

Aan warka caddayno

Inantaan dhaqanka xun ee doqonta ah ee akhlaaqda gabtay ee jidadka buux dhaafisay; tan laafyoonaysa, iskala qaadqaadaysa ee hadalka jiidjiidaysa ee isjilcinaysa jeer aanay karin in ay xarfaha ku dhawaaqdo: zewiro [sawiro], bez waa [waa iga bas] toobkaan waa zuuf [suuf], kulayl batanaa [badanaa], waa jenyawerri [jannaayo].

Gabadhaan labadeeda indhood ee fagiijisan, xarakaadka jirkeeda ay jajabinayso, iyo laalaabyada hagoogteeda babbanaysa ku soo jiidanaysa waxa ugu liita ee barbaarta ku kicin kara dareennada jinsi; gabadhaan edebdarradu ay la gaartay heer ay ayadu shukaansiga bilowda, gurigeedana uga soo baxdo in ay barbaarta maagto; waxaani ma uumiye ilma aadan ah baa? Miyaa ay u qalantaa in ay hooyo noqoto ama barbaariso carruur? Miyaa ay u qalantaa in ay koriso jiil halgama oo halganka u adkaysta?

Aan warka caddayno

Aan warka caddayno

Aan wajahno xaqiiqada mushkiladda oo aan lahayn ciwaanno dhagareed iyo marinhabaabin.

Aan si cad oo geesinnimo leh u dhahno waxa aan doonayno.

Aan dhahno: ma doonayno diin, ma rabno akhlaaq, uma na baahnin dhaqan.

Aan dhahno: waxaan doonaynaa in aan soosaarno jiil ah dad sidii xayawaankii u nool.

Aan dhahno: waxaan kahanaynaa sarraynta iyo sare u kaca.

Aan dhahno oo yaynaan cabsan inta aan aamminsannahay waxa aan ku hadlayno.

Iskuqarinta xoroobidda, horumarka iyo hore u socdka, dhammaantood waa daah beenaad durba faydmi doona.

Dhib ma leh intaa oo dhammi in ay kahdaan islaamka, oo midkoodna kuma uu dhiirran doono in uu bannaanka iskeeno kolka aynu innagu muslimiin nahay.

KOLKA AAN MUSLIMIIN NAHAY

Kolka aan muslimiin nahay waxaa shaki la'aan isbeddelaya suuradda bulshada oo dhan, waxayna yeelataa suurad cusub.

Halkan dad baa ka dida, wadnayaalna waa ay ka cabsadaan!

Tolow sidee ayaa ay u eg tahay bulshada muslimka ah suuraddoodu?

Seef kurka lagu goyanayo, jeedal har iyo habeen ku dhibban jeedalinta khaldamayaasha.

Haweenay gurigeeda aan ka soo bixin, waxbaranayn, aan wax shaqo ah loo dirsan, aan hawlqabadyada bulshadana waxba ku lahayn.

Garar waddada buuxiyay iyo cimaamado xafiisyada dawladda ka buuxa.

Farxaddii way ka mayrantay wejiyada iyo laabaha dadka, waxaana lagu beddeshay weji bir aan dhoollabiraynayn oo aan dabcayn!

Rag masaajid uun ku jira iyo dumar guryaha iska yuurura, jawi fadhiid ah oo lig ah iyo nolol istaagtay.

Taasi waa suuradda muslimka ay ka haystaan dadyow badan.

Waana gar in ay diintaan ka naxaan oo ay kahdaan.

Qaar kalana ilaa xaddigaa ma ay male xuma, saa oo ay tahayna way baqayaan, wayna kahanayaan diintaan.

Waa dhallinta shahawaadkooda bursada ee dabarrada iska furfuray.

Waa dhallinta dantoodu tahay raaxada wasakhaysan ee uu habeenka iyo maalintaba la nool yahay asaga oo qalbiga laga qafaashay, maskaxdiisana uu jinsigu buuxiyay, dhiiggiisana ay shahwadu ku afuufayso, galgalanayana asaga oo ay baahi daran waddo. Barbaarka waxa u aasan ay kaakicinayaan sawirrada qaawan ee joornaalka, sawirrada qaawan ee shaneemada, jirka qaawan ee masraxa taagan, gabadha qaawan ee jidka maraysa, heesaha qaawan ee idaacadda laga sii daynayo, fikradda qaawan ee buugga qoran, sheekada qaawan ee qoraayada waaweyn, waxaa dhiiggiisa qulqulaya qiiq waalli ah.

Inanta waxa u aasan ay kicinayaan tilmaamaha jinsi ee ku jira joornaalkii ay akhriso iyo wargeyskii ay eegtaba, muuqaallada baashaalka faajirnimada ah ee masraxa iyo shaneemada, maskaxdeedana ay buuxinayaan sawirrada iyo hadallada anshaxa ka maran, waxaa ay ku firdhiyaan hilow daran iyo hur waalli ah.

Barbaarka hamuunta la galgalanaya ee sida kulul u malabsanaya, wuu ka argagaxaa sheegsheegga islaamka, qaniinyadiisana waxa uu ka dareemaa xididdada jirkiisa, sababtuna waa in asaga oo ay dabada ka riixayaan qiiqa dhiiggiisa hurinaya uu ismoodsiinayo in laga qadin doono raaxadii hamuuntiisa bi'in lahayd, deetana waxa uu la waalanayaa waallida baahiyihiisa, waxa uuna sawiranayaa in islaamku yahay qorismaris dadqal ah oo raaxadii loo baahdaba isku gudbaya.

Kuwa kalana waxay nafacsadaan burburinta sharafta iyo in ay bulshada dhexdeeda ku faafiyaan faxsharka, diintaanna way ka argagaxaan oo kahdaan.

Waa milkiilayaasha wargeysyada iyo joornaallada bawdyoqaawiska ah.

Waa milkiilayaasha shaneemooyinka iyo sameeyayaasha filimmada.

Waa qoraayada sheekooyinka jinsiga.

Waa qoraayada fikirrada anshaxa beelay.

Waa addoommada gumaystaha kahanaya islaamka ee hinqashadiisana ka naxaya, deetana ku salladaya adeegayaashiisu in ay gudaha ka dumiyaan, ayna sida suuska dhexda ka qodaan, garaadka dadkana u suuraxumaynaya, isla markaana liidashada faafinaya si ay booskiisa u gasho.

Kuwaan oo dhammi way ka naxaan sheegsheegga islaamka, wayna kahadaan diintaan, sababtuna waa in uu nadiifinayo dacda ay ku nool yihiin ayaga oo nabad ah oo faa'iiday.

Imminka, kooxdaan saddexaad ina ma khuseeyaan-walow ay yihiin kooxda ugu halista badan.

Waxa na khuseeya waa kooxda koowaad iyo kuwa labaad, sababtuna waa in kuwaani marka ay xaqiiqada islaamka bartaan ee ay rumeeyaan aanay kooxda saddexaad awoodi karin in ay ka marinhabaabiyaan jidkii ay doonaanba ha u soo mareen e.

Muuqaalka islaamka foosha xun ee nafahooda ku jira ee uu gumaystuhuna ku dedaalay sidii uu u foolxumayn lahaa, wadaaddada diintuna ay ku saacideen meel-ku-dhegganaantooda iyo sii adkayntooda; muuqaalkaan ayaa ah cadowga ugu horreeya ee fikradda islaamka.

Sidee ayay u eg tahay suuradda bulshada muslimka ah?

In badan oo mulsimiinta diintaan daacadda u ah laftoodu si faahfaahsan uma yaqaannaan, mana ay garanayaan sida ay u eg tahay.

Mushkiladda ugu weyn ee maanka wareerisayna waa xaaladda haweenka ee bulshada muslimka ah iyo kaalinta ay ku leedahay.

Ma jidka ayay u soo baxaysaa mise guriga ayaa ay joogaysaa?

Ma wax bay baranaysaa? Ilaa xadkee iyo dhinacyadee?

Ma jaamacadda ayaa ay aadaysaa oo wiilasha ayaa ay

wax la dhiganaysaa?

Marka wax la dhiganayo xiriir noocee ah ayaa ay ardayda wiilasha ah la yeelanaysaa? Ma la hadlaysaa? Ma ka fogaanaysaa? Sheekadee ayaa ay la wadaagaysaa?

Ma shaqaynaysaa? Mise uma bannaana in ay shaqayso?

Qaabkee ayaa ay u guursanaysaa? Ma inta ay baxdo ayaa ay isbandhigaysaa si ay wiilashu u bartaan? Mise gurigooda bay joogaysaa jeer uu nasiibku u keeno mid jidka maraya?

Xiriirkeeda bulshadu waa see? Ma xiriir cabsi iyo didmo ah baa? Mise xiriir taban oo wax siin mayso, wax ka qaadan mayso, wax Alle abuurtayna la wadaagi mayso?

Jiritaan nooce ah ayaa ku leedahay bulshada muslimka ah dhexdooda? Ma aadane baa? Ma addoon baa? Mise waa qurub? asalmadoorshe ah oo aan jirin?

Xadka aadannimadeedu intee ku eg yahay? Sidee bay uga faa'idaysanaysaa? Ma in ay ninka ka fogaato? Ma in ay la wadaagsato? Mise in ay ku ciriiriso?

Markii dhanka ragga laga istaago xaalkeeda qeexani muxuu yahay? Ma hawlwadaagtii baa? Ma mid la siman baa? Ma mid dabagale u ah baa? Mise ayadaa madax u ah?

Sidee ayaa ay xiriirka ay la leedahay u dhaqangelinaysaa? Ma la kulmaysaa, la hawlwadaagaysaa, la doodaysaa, la saaxiibaysaa, keligeed ayada oo ah bay baranaysaa, xiriirro gaar ahna ay la samaysanaysaa? Xiriirradaasi ilaa intee dhan yihiin?

Sidee ayaa ay ninka u aragtaa oo maskaxdeeda ku sawiran? Ma waraabe dadqaad ah oo laga digtoonaado?

Mise mucaashaq u buka oo la soo dhawaynayo? Mise halkiisaa fog bay uga bogsan?

Miyaa ay wax jeclaanaysaa? Qalbigeedu nin cayiman dartii ma u ruxmayaa? Deetana jacaylkeeda ma u bandhiganaysaa mise way ka qarinaysaa? Qaabkee ayaa ay se u adeegsanaysaa?

Haddii uu nin soo doono ma waxay qoyskeeda ku dhahaysaa: Yeeli mayo. Ma jecli, hebel baan se jeclahay oo doonayaa?

Waa maxay xiriirka ay qoyskeeda la leedahay? Ma qof ka tirsan xaynta qoysku ka kooban yihiin baa? Mise waa qof jiritaan leh? Jiritaankaa xadkiisu waa ilaa intee? Aabbaheed iyo hooyadeed ma ku addeecaysaa amar walba, talo kasta iyo jihayntii la arkaba? Mise way ka la doodi? Ilaa xaddigee ayaa ay se dooddu gaaraysaa?

Ma mucaaradid la'aan bay dhaqannada u hoggaansamaysaa? Mise waa ay ka horimaanaysaa? Ma hadal keliya bay kala hortagaysaa mise way fulinaysaa hadalkeeda?

Marka ay xaas noqoto shaqadeedu ma dhammaanaysaa? Ma hooyannimada bay u go'aysaa oo xiriirkii ay bulshada la lahaydna wuu dhammaanayaa? Mise hooyannimadu hawlqabadyada uma diidayso?

Se, hawlqabad noocee ah?

Intaan iyo tobannaan masalo oo la mid ah ayaa marka u horraysa ee bulsho muslim ah la sheego maskaxda ku soo dhacaysa, si looga jawaabo awgeedna waxaa la sawirtaa suurad cayiman, deetana mowduucuba waxa uu isugu biyo-shubtaa wax aan suuroobayn.

Inta aynaan weydiimahaan oo dhan ka jawaabin iyo inta aynaan ka jawaabin weydiimaha kale ee ka soo horjeeda-waa weydiimaha khuseeya ninku waxa uu uga dhigan yahay bulshada muslimka iyo mowqifka barbaarka doobka ah uu ka taagan yahay mushkiladda jinsiga; inta aynaan sidaa yeelin ka hor, waxaa habboon in aan ugu horrayn ogaanno:

Waa maxay islaamku?

Gef aad u weyn ayaa ay si isku mid ah ugu dhacaan rumeeyayaasha diintaan iyo kuwa bannaanka ka ahba kolka ay ka doodayaan masalo farac ah oo qayb walba ay gooni tahay, kala furfuran tahay oo ay kala googo'an tahay, ayaga oo aan marka ugu horraysa dhigaynin booska ay kaga jirto sawirka guud, si ay xaqiiqadeeda dhabta ah u caddaato, ayna u suurowdo in si sax ah loo xukumo.

Markii aynu falanqaynay fikirradii yurub, ma aynaan faaqidin qaybaheeda oo qur ah e, waxaan falanqayanay aamminaadaha qaybahaas hagayay ee ay laamuhuna ka farcamayeen. Tanina waa waaqaca nidaam walba iyo fikrad kasta: waa in walxaha guud ahaantooda sawir cayiman laga qaato, teena lagu dul dhiso faahfaahinnada iyo faracyadaa.

Islaamkana si gaar ahaaneed waxaa habboon in sidaa oo kale looga qaato. Mar walba oo ay suuraddu weyn tahay ee ay caam tahay waxaa ka imanaya in sawirka muuqaalkiisa guud la fahmo ka hor inta aan faahfaahintiisa loo dhaadhicin. Islaamkuna waa fikradda ugu weyn ee weligeedba arlada oo dhan soo martay, waana aamminaadda ugu weyn ee koobsatay nolosha.

Sidaa darteedna waxaa qumman in inta aynaan isweydiin sida ay bulshada muslimka ah haweenayda muslimadda ah iyo ninka musimka ah agtooda ka yihiin, aan aqoonsanno suuradda ay aadanuhu ku dhex leeyihiin fahanka islaamka.

Cidda go'aamisay kaalinta ay aadanuhu ku leeyihiin fahanka islaamka waa Ilaahay; Allaha uunka uumay, ogna cidda uu abuuray.

Ilaahay waxa uu yiri: *dhabtii, waannu sharafnay ilma aadan, waxaannuna ku socodsiinnay badda iyo berriga, waxaannuna ku quudinnay waxyaabaha wanaagsan [xalaasha ah] qaarkood, in badan oo uunka ka mid ahna waan ka sarraysiinnay'*[1]

Haddaba, aadanuhu tan iyo bilowgiiba waa uu sharfan yahay, waa uu fadli badan yahay, heerkiisuna waa uu sarreeyaa.

Ilaahay waxa uu leeyahay: *[Nebiyoow] xus markii uu Rabbigaa malagyada ku yiri: dad baan dhoobo ka abuurayaa. Marka aan ekaysiiyo [aan lig ka dhigo] ee aan ruuxdayda wax kaga afuufo, u sujuuda.'*[2] Waxa uu caddeeyay in uu yahay xantoobo ciid ah oo karaamada iyo fadliga ay uunka kale dheer tahay ay huwisay ruuxda Alle xaggii looga afuufay. Haddaba, waa laba curiye oo

1 Suuradda al-Israa': 70.
2 Suuradda Saad: 71-72.

isku milan, ma aha hal curiye. Dhan walba waa u labo, dabiicaddoodu waa labaalay, meel u socodkooduna waa labaalay: *'waxaan ku dhaartay nafta iyo waxa uu ku uumay. Waxa uu ku ilhaamiyay faajirnimadeeda iyo Alle-ka-cabsigeeda. Waxaa liibaanay qofkii hagaajiya. Waxaana khasaaray qofkii wasakheeya'*[3]. *'Miyaannaan u samayn laba indhood. Carrab iyo laba dibnood. Waxaannuna ku toosinnay labada jid'*[4]. *'Annaga ayaa jidka ku toosinnay oo waa mid hoggaansan ama gaaloobay.'*[5]

Wadarta labadiisaa qaybood ayaa uu ku sharfan yahay oo uu ku fadli badan yahay. Xantoobadii ciiddu waxay ku milantay ruuxdii laga afuufay oo ciiddii dhulka ma sii aha e, way ka soocantay oo ka duwanaatay ciidaha kale. Jiritaankiisaan isku milan ayaa Alle agtiisa lagu aqabalay, lagu faddilay oo uu ku sharfan yahay. Wasakh ma leh, ma qurmoona, laga ma na yaqyaqsoonayo in allaale iyo inta uu fidradiisa la jaanqaadayo ee uu u hoggaansan yahay jiritaankiisa dhaladka ah. Shahawaadkiisa dhoobada dhulka iy kiimikooyinka dhulka ka soo burqanaya ee leh shahawaadka raashinka, jinsiga iyo baahiyaha jirka ee kale ee uu saynisku maanta ku sheegayo in ay yihiin kiimikooyin; shahawaadkaan dadka ku abuuran ma dhimayaan miisaankiisa, qiimihiisana ma nuqsaaminayaan haddii hal shardi oo qur ah laga helo. Waa in ay sii ahaato qaabkeeda dhaladka ah ee abuurta aadanaha ee lagu milay ruuxdii lagu afuufay; waa in aanay ka bixin, ciiddana aanay ku dhegganaan: *'waxaad*

3 Suuradda al-Shamsi: 7-10
4 Suuradda al-Balad: 7-10
5 Suuradda al-Insaan: 3

[Nebiyoow] ku dhahadaa: yaa xaaraameeyay qurux-dii uu Alle addoommadiisa u soo saaray iyo arsaaqdii wanaagsanayd? Ku dheh: kuwa Alle rumeeyay, addu-unkana wax bay ku leeyihiin, maalinta qiyaamahana waa u gaar'[6]

'Dadka waxa loo qurxiyay jacaylka shahawaadka ee leh: dumar, ciyaal...'[7] *'midkiin waxa uu xubintiisa taranka ka helayaa ajar. Waxaa ay dhaheen: Rasuulkii Alloow, ma inta uu midakayo shahwadiisa ka bog-to ayaa uu haddana ajar ka helayaa? Waxa uu yiri: ka warrama haddii uu xaaraan ku samayn lahaa, dambi ma ka soo gaari lahaa? Waxay dhaheen: haa. Waxa uu yiri: hadde haddii uu xalaal ku sameeyana ajar ayaa uu ka helayaa'*[8]

Sida uu islaamku u arko, aadanuhu waa mid tan iyo bilowgiiba ay aadannimadiisu facweyn tahay, waa noole sare oo korreeya, Alle ayaana ruuxdiisa ku afu-ufay. Ruuxdaan Ilaahiga ah ee aadanaha ku jirta wax-ay weligeedba ku hanuunaysaa halkii ay ka unkantay. Waxay ku hanuunaysaa fidrada mar walba oo ay bed-qabto. Aadanaha ayaa dahaara, daboola, indhaha ka xira, oo deetana ay weydaa meel ay u marto. Kolkaan ayaa ay weecataa, luntaa, dulmigu nooc uu yahayna ay u geysataa asaga iyo qayrkiiba, waxay kale oo ku kacdaa foolxumooyinka oo dhan iyo kii qooq ahaa oo aan biyo ismarin.

Sidaa darteedna waxaa laga doonayaa in uu naft-

---

6 Al-Acraaf: 32
7 Aala Cimraan: 14
8 Muslim baa weriyay.

iisa hagaajiyo oo uusan wasakhayn. In uu hagaajiyo oo nadiifiyo fidradeeda, jeer ay ku hanuunto Allihii uumay, ayna jihayn ka magansato. Markii ay taasi dhacdo waxay walaxdaan taagta daran ee lunsan ee dhammaan doonta ay noqonaysaa curiyaha arlada ugu xoog badan iyo tamarta ugu culus. Waxay aadunuhu si dhab ah u noqdaan khlaliifka Alle arlada uga wakiilka ah ee dhisaya oo cammiraya, toosinaya oo curinaya, hal-abuuraya oo nadaaminaya, asaga oo Alle naxariistiisa iyo kaalmadiisa cuskanaya, hanuunkiisa qummanna ku socda.

Sidaa oo kale Islaamku waa nidaam miisaaman.

Sida uu Alle isugu miisaamay dhoobada iyo nafta lagu afuufay, ee uu isugu milay oo ay hal walax u noqdeen, sidaa oo kale ayaa uu si siman isugu miisaamaa awoodaha iyo tamarta kala duwan ee nafta aadanaha iyo nolosha dhabta ah.

Waxa uu nafta u miisaamaa waaqaceeda maaddi iyo keeda ruuxeed, diraalka shahwada iyo nafta ambaqaadka ruuxdeeda ee u dhexeeya waaqaca lagu ogaan karo dareemayaasha iyo waaqaca lagu ogaan karo wax ka shisheeya dareemayaasha, dareenka ku duugan damiirka iyo habdhaqanka aan dahsoonayn, cadaadiska baahida iyo xorriyadda jihaysnaanta iyo doorashada.

Waxa uu miisaamaa waaqaca nolosha ee u dhexeeya awoodaha maaddi, dhaqaale, siyaasadeed iyo awoodaha akhlaaqeed, macnawi iyo rooxaaniyadeed. Waxa uu isu miisaamaa qofka iyo bulshada, danta jiilka iyo tan jiilasha.

Waxa uu weligiiba isku laraa diinta iyo adduunyada. Adduunyada iyo aakhirana waxa uu ku mideeyaa nidaam. Islaamkuna waa nidaam hawlqabasho.

Kuma uu kaaftoomo wacdi, hanuunin iyo nadiifin ruuxeed.

Waxa uu si wacan u og yahay in nadiiftinta ruuxdu aanay ku imaanayn wacdi iyo hanuunin haddii ay bulshadu fasahaadsan tahay, nidaamku uu jilco, dhaqaaluhu xaqdarro ku dhisan yahay, siyaasadduna aanay nadiif ahayn. Ma uu kala saaro ruuxda iyo jirka iyo waaqaca iyo riyo-ku-noolnimada. Waxa uu og yahay in si uu u xaqiijiyo ujeeddadiisa ah in uu ruuxda nadiifiyo ay lagamamaarmaan tahay in la sameeyo nidaam dhaqaale oo caddaalad ku dhisan, nidaam bulsho oo isu miisaaman iyo nidaam siyaasadeed qumman oo sees adag ku taagan.

Sidaa darteedna mabaadi'diisa uma uusan dhigin hannaan qurxoon oo tuusaalayaal ah oo uu deetana isaga tago ayaga oo hawada ku callaqan. Waxa uu ku dedaalayaa in uu fikraddiisa ka hirgeliyo waaqaca dunida iyo in uu dhidabbada u taago dhammaan bulshada qaybaheeda, asaaskuna uu yahay islaamka.

Sidaa darteedna, si ay bulshadu muslim dhab ah u noqdaan, waxaa lagamamaarmaan ah in ay koobnaadaan: xukuumad muslimad ah, dugsi muslim ah, qoys muslim ah, qof muslim ah, idaacad muslimad ah, wargeys muslim ah, buug muslim ah, shaneemo muslimad ah, xayaysiis muslim ah, weedh muslimad ah, fan muslim ah, dhaqaale muslim ah, fikrad muslim ah; wax walba waxaa habboon in ay islaannimada ka soo burqadaan, ayna u hoggaansamaan manhajka islaamka.

Idaacad muslim ah, wargeys, buug, shaneemo, fan iyo inta kale ugama jeedno macnaha caashagaratayda ah ee laga fahmayo magaca diinta ee ah in dhammaan ay isu rogaan khudbooyin jimce iyo wacdiyo diineed.

Ma aha sidaa, islaamku waxaas wuu ka maarmaa, wuu ka ballaaran yahay, ka caamsan yahay, kana laab waasacsan yahay in uu isu geddiyo khudbooyin laga daalayo, sheekooyin soo noqnoqda iyo hadallo lagu celceliyo.

Islaamku waa noloshii oo dhan oo suurad nadiifa ah. Suradda waafaqaysa fidrada nolosha oo dhan. Fidrada aan ku kaaftoomayn haqabtirka baahiyaheeda ee doonaysa in ay samaanta xaqiijiso.

Islaamku waa wax walba oo ay suuraddaani ku rumoobayso.

Gabayga ka sheekaynaya quruxda dabiicadda indhadaraandarka ah, ka warramaya awoodda, ka warbixinaya tamarta dadka ee u dirsan shaqada iyo waxsoosaarka, ka hadlaya caadifadda aadanaha ee nadiifka ah ee riixaya ee hore u wada, rejada u iftiiminaya, dadka dareensiinaya quruxda nolosha iyo in ay tahay wax mudan in uu qofi ku naalloodo, ka sheekaynaya xanuunnada aadanaha, u ololaynaya tirtiridda dulmiga, nadiifinta fasahaadka: bulsho, dhaqaale iyo siyaasi, tilmaamayana sida ay tahay in ay noloshu noqoto. Dhammaan intaasi waa gabay islaami ah, sababtuna waa in uu cabbirayo fidrada nafiifka ah, haddii la doono yaan xitaa hal marna lagu xusin magaca diinta iyo mafaahimta diinta tooska ula xiriirta.

Laakiin se gabayga ku gaarka ah sifaynta baahida jirka

ee ku daanshodaanshoonaya, giddigiina uu ku meeraysanayo riyooyin jinsi oo laga dhabeeyay ama la doonayo. Tilmaamaya jirka dumar oo qaawan ama qaab dareenkicisa ah. Sifaynaya ilbiriqsiga la isu dhiibay baahida ee aan ka warramayn xilliga la iska sarraysiiyay baahida. Gabayga kaakicinaya cuqdadda. Gabayga tilmaamaya xilliyada aadanuhu tabarta daran yahay noocyadeeda kala duwan. Gabayga cabbiraya habowsanida noolaha ee ilma aadan, hoosudhacooda iyo mugdiyoobiddooda. Intaa oo dhan ma aha gabay islaami ah xitaa haddii uusan soo qaadan hal eray oo diineed, caqiido iyo aamminaad akhlaaqeed rasmi ah, sababtuna waa in uu matalayo fidrada luntay ama fidrada taagta daran, sidaa darteena la ma uu jaanqaadayo ujeeddooyinka sharfan ee islaamka.

Dhab ka hadlayaasha iyo dabiiciyiinta iyo kuwa la halmaala waxay isweydiinayaan: xilliyada liidashadu miyaanay ahayn xaqiiqo aadane? Sidee ayaa uusan fanku u cabbirayn? Ugu horrayn jawaabtu waxa weeye: fanku ma aha aalad edebdaran oo wax walba sida ay yihiin u duubaysa e, waa ay doorataa oo waa ay xulataa muuqaalka ay qaadayso. Mar labaad jawaabtu waxa weeye: xilliga hoobashadu ma aha waxa ugu qurxoon aadanaha ee mudan in la duubo. Waxa mudan in la duubo waa ilbiriqsiga uu qofku xaqiiqadiisa ka dhabaynayo. Ilbiriqsiga ay dhoobada iyo ruuxdii lagu afuufay isku milmeen e, ma aha ilbiriqsiga ay dhoobadu ka soocmayso ee ay dhulka isku dhejinayso. Marka saddexaadna jawaabtu waxa weeye: waa suuragal in ilbiriqsiga hoobashada loo duubo qaab faneed dhammaystiran oo shardiguna yahay in ujeeddadu aanay noqon ku macaansi iyo soojiidasho. Waxaan uga dan leennahay waa in hoobashadu aanay noqon halyaynimada toosh-ka lagu ifinayo! Waa in diiradda la saaro keliya ilbiriqsi-ga miiraabidda. Ilbiriqsiga uu noolaha aadanaha ah u soo noqonayo dhaladnimadii fidradiisa; ilbiriqsiga ay xantoobadii ciiddu u soo noqonayso ee ay ku milmayso ruuxdii lagu afuufay. Waxaa tusaale u ah qisada Yuusuf C.S ee quraanka ku sugan. Waa sheeko tilmaanteedu ay xeeldheer tahay, sawiriddeedu farshaxan miiran ay tahay oo quruxda faneed wax ka maqan aanay jirin. Waxay soo gudbinaysaa ilbiriqsi ka mid ah ilbiriqsiya-da ugu qaabdaran ee nolosha dhabta ah ku soo mara nafta aadanaha! Waa ilbiriqsiga baahidu kaakacdo ee ay ka xoog badato codadka iyo dhawaqa ruuxda. Sidaa oo ay tahayna waa tilmaan aan dareenka kaakicinayn oo aan sababayn in lagu macaansado muuqaallada jinsiga, waa haddiiba aynaan oran waxay taa liddigeeda kaakici-nayaan in la iskala weynaado ilbiriqsiyada hoobashada oo waxay u ololaynaysaa in la is ilaaliyo.

Waxa ina kala gubdoon fanka ee leh gabayadii-sa, tiraabtiisa, looxadaha sawirgacmeedyada oo kale ayaa waxay ina ka qabtaan shaneemada, masraxa, idaacadda, muusigga, iyo heesaha. Sidaa ayaana lagu waayayaa dareenkiciyayaasha waallida ah ee kaakici-naya dhallinyarada ee dhiiggodana raacinaya baahi kulul, isla mar ahaantaana bulshadu ka ma qadi doonto dhinicii baashaalka iyo dhankii quruxda oo baashaalku ma wada xuma.

Amminkaas, dhallinyarada kuma ay cuslaan doonto in ay doondoonaan sharafta oo ay ku dhegaan. Waxa keliya ee ay maanta ugu cuslaatay, maya e ay ugu suuroobi weyday, waa in ay ka samaysan yihiin hilib, dhiig, dareenkaakiciyaal iyo xididdo, waxayna har iyo habeen ku dhex jiraan jawi dareenkaakicis ah oo waalliya oo si joogto ah xididdadooda u afuufaya, indhahooda munkarka u qurxinaya, dhiirrigelinayana wiilasha iyo hablaha jahawareersan, isla markaana siyaalo kala duwan uga horjoogsanaysa qayladhaanta sharafta iyo waanooyinka fiican oo dhan.

Amminkaas haddii ay doonto gabadhu ha soo baxdo ama yaanay soo bixin, ha shaqayso ama yaanay shaqayn, rag ha la kulanto ama yaanay la kulmin. Waxa la tixgelinayo ma aha shaqada muuqeeda e, waa yoolka iyo qaabka loo xaqiijinayo.

Kolkii la helo bulsho muslim ah oo ku taagan akhlaaqda islaamka iyo nidaamkiisa, waxaa amminkaas suuroobaya in sharafta iyo laamaheeda aan ka hadalno iyo in aan ka hadalno xaaladda haweenayda, tan ninka iyo ummuuraha u dhexeeya.

Laakiin waa in aan marka hore ku qanacno in la helo bulsho muslim ah.

Bulsho Ilaahay xaggiisa ujeedda, asaga ka qaadanaysa manhajka noloshooda, hanuunkii uu raallida uga ahaana ku dheggan.

Bulsho Ilaahay caabudaysa. Ficil iyo hadalba ku caabudaysa. Cibaadadiisa iyo faralkiisa gudanaysa ayada oo rumaysan oo fulinaysa: *'iimaanku isjeclaysiin nafeed ma aha e, waa wax qalbiga dega, falkuna ka dha-*

beeyo.'[9]

Bulsho aan ku kaaftoomayn in ay tukato, soonto oo ay sakada bixiso.

Bulsho aan faxshar samaynayn, samaynteeda oggolaanayn, u ololaynayn, aan il fiicanna ku eegayn.

Bulsho ku dhisan kalgacayl, iswaanin, iyo faridda wanaagga iyo reebidda xumaanta.

Bulsho aan xatooyo lahayn, been sheegsheegin, khiyaano iyo dhagarna lahayn.

Bulsho aan wax xaman, isjaajuusin, isyasin oo aan isceebayn.

Bulsho aadan ka baqayn in xoogsadaha aad hawl u dirsatid uu ku khiyaano oo uu lacagta kaa dhaco. Shaqaalaha aadan ka baqayn in uu dantaadii ku seejiyo. Ganacsadaha aadan ka baqayn in uu sicirka ama badeecada kugu khiyaano. Macallinka aadan ka baqayn in uusan ardada dhibcaha u qorin si ay u dhacaan oo ay u qaataan casharro gaar ah. Ardayga aadan ka baqayn in uu imtixaanka qisho iyo in uusan aqoonta u baranayn si uu uga dhigto wadiiqo sharka u sahasha. Ninka aadan ka baqayn in uu xaaskiisa dulmiyo oo uu dacdarreeyo. Xaaska aadan uga baqayn in ay ninkeeda ku khiyaanto sharaftiisa ama xoolihiisa. Waalidka aadan uga baqayn in uu ilmihiisa been u sheego oo uu beenta baro, shaqsiyaddiisana ay ka dhigtaan lagu dayde xun, aan kuna barbaarin fulaynimo, danaystannimo, akhlaaq xumo iyo tabnaan. Ilmaha aadan uga baqayn in uu aabbihii khiyaano, hooyadii dhagro sidii sharlowyadiina uu ula dhaqmo. Hoggaamiyaha, la hoggaamiyaha, ka yar iyo ka

9 Weer uu leeyahay Xasan al-Basri Allaha u raxmadee. T

weynna isku si loo la dhaqmayo.

Bulsho dhaqaalaheedu isu miisaaman yahay, oo uusan faqiirku gaajo u dhimaynayn, hodankana aanay hodantinnimadu qalbiga ka hallaynayn.

Bulsho aan la hayn ma shaqayste, oo baagamuuddadu waxa ay ka mid tahay ilaha sharku ka burqado. Baagamuuddo sababteedu tahay in uu shaqo waayay aan la hayn. Baagamuuddo sababteedu tahay in uu sagsaag yahayna aan lahayn.

Bulsho aan qooqeeda shaqsiyaadkeeda ugu baarqabbaynayn, shaqsigana aan u oggolaanayn in uu u baarqabbeeyo. Bulsho nabadda jecel oo darteedna u shaqaysa: nabadda guriga, jidka, shaqsiga, iyo wadarta.

Bulsho firfircoon, hawlqabad ah, waxsoosaaraysa, fakaraysa oo kor u socota weligeed.

Waa taas bulshada muslimku.

Yaa ku dhiirran kara in uu naco suuraddaan qurxoon ama ka baydadaya?

Ma qof aan ahayn ku nasakhan oo fidradiisu hallowday oo doonaya in uu sidii xayawaankii u raaxaysto ama in uu bulshada wax ka helo oo uusan waxba siin ayaa kahan kara?

Caadiyan, taasi waa suurad qurxoon oo lagu sharraxay hannaan u eg khayaali ama nafjeclaysi iyo riyo. Laakiin se waa waaqac ay adduunyadu mar aragtay xaqiiqadiisa iyo dhabnimadiisa oo dhan, xilli yaabkiisa lahaa oo waayaha taariikhda ka mid ah, suuragalna ay tahay in mar kale ay soo noqoto.

Wayna soo noqon doontaa, Alle idankii.

Bulshadaanna dadku ku ma aanay noqon isu ma na geddin doonaan in ay malagyo daahir ah noqdaan e, waa uun dad ka dhabaynaya fidraddooda dhabta ah ee ah xantoobo ciid ah oo lagu milay naftii lagu afuufay, iskala na sarreeya faxsharka, sababta oo ah waa ay ka deeqtoon yihiin fuxshiga.

Caadiyanna dhammaantood sidaa ma noqonayaan.

Bulshadii rabbaaniga ahayd ee uu Muxammad bin Cabdillaahi S.C.W ku unkay shaqsiyaddiisii karaamaysnayd iyo ruuxdiisii sharfanayd ee sarraysay ayaa waxaa ka mid ahaa dad nebiga qofnimadiisa iyo sharaftiisa ceebeeyay xillligii sheekadii been-abuuradka [Caasho loo gaystay] ee caanka ahayd.

Mayooy! Weligeedba dhici mayso oo arlada meeshii ay doonto iyo waagii ay doontaba ha noqotee ma dhacayso in dadka oo dhammi akhyaar noqdaan.

Sidaa oo ay tahayna waxaa jira farqi cad oo u dhexeeya bulshada dambiyada u aragta fadaqnimo ee dhibsanaysa iyo bulsho sharafta kahanaysa fadaqnimana ku tirinaysa, sida bulshadii uu Quraanka ka sheekayanayay kolkii uu lahaa:

'Reer Luud ka cayriya tuuladiinna, waayo waa dad isdaahirinaya'[10] iyo sida ay ku dhow yihiin bulshada aannu la noolnahay.

10 Suuradda al-Namli: 56

Sida ay ragga iyo haweenku bulshadaan dhexdeeda ka yihiin ayaan si isku mid ah u soo bandhigaynaa.

Macanaha xorriyaddu ay islaamka dhexdiisa ku leedahay aad bay waasac u tahay ilaa xadna waa caam. Wax heerkeeda gaaraya kuma ay jiraan dhammaan macnayaasha ilaa maanta laga haysto bari iyo galbeedba.

Xorriyad ku aaddan qiyamka oo dhan, awoodaha oo dhan, tixgelinnada oo dhan iyo addoonnimo keligeed ah oo Alle loo yahay.

Alle ayaa ah kan keli ah ee ay caabudaan bulshada muslimku. Ma caabudaan xoolo, weji, xil, dareenka nafta, hawada iyo aadanaha toonna.

Alle ayaa la caabudaa, wixii ka soo harayna waa barkuma taal.

Haweenayda iyo ninkuba waa addoommo Eebbe. Wixii intaa ka soo haray waa xor xorriyaddoodu ka shidaalqaadanayso in ay addoommadii Ilaahay yihiin lafteeda.

Marka uu qofku si dhab ah Alle u caabudo, xiriirkii xaqa ahaana uu la samaysto, gurmadkii xaqa ahaana uu ka dalbado ayaa uu ilbiriqsigaaba dareemaa liidashada awoodaha dhulka oo dhan, qiime kasta oo kale, weji kasta iyo madaxda oo dhan.

Amminkaas ayaa uu xoroobaa.

Waxa uu ka xoroobaa cadaadiskii si isku mid ah uga imaanayay gudaha naftiisa iyo bannaankeeeda. Cadaadiska shahwada iyo baahida oo dhan ah iyo dhanka kale oo ah cadaadiska bulshada, awooddooda dhaqaale iyo bulsheed.

Waa uu xoroobaa, sababtuna waa in uu [xiriirka] Ilaahay isku xoojiyay, ku deeqtoomay, caawin ka dalbaday oo uu galay seerihiisa.

Geeri kama uu baqayo, faqri kama uu cabsanayo, dulmi kama uu baqayo, hammi kama cabsanayo, waxa jooga iyo waxa maqan toonnana kama uu baqayo.

Ma uu baqayo, sababtuna ma aha in uusan u aabayeelayn, laakiin se waa in uu ku xiran yahay awoodda dhabta ah ee milkisan wax walba ee noloshaan ku sugan. Sidaa oo kalana, sababtu waa in uu diyaar u yahay in uu la jaxartamo wixii dulmi iyo xaqdarro ah ee loo gaysto, uuna u kaalamaysto Ilaahay asaga oo kaalmadiisa ku kalsoon.

Macnaha xoroobiddiisu ma aha in uusan nidaam u hoggaansamayn.

Sidaa ma aha! Oo suuragal ma aha in noloshu sidaa ku socoto, suuragalna ma aha in ay taasi dhacdo jeer hawada iyo shahawaadka la raaco. Tanina ma aha xoroobid. Xoroobidduba waxa ay ka dhigan tahay sidaa oo kale in hawada iyo shahawaadka looga xoroobo.

Keliya marka uu nidaamka Ilaahay raalliga ka yahay uu u hoggaansamayo waxa uu sida dhabta ah u hoggaansamay Ilaahay, waxa uuna si toosa u la macaamilayaa Ilaahay.

Sidaa darteed, ayaa uu addeecayaa hoggaamiyaha, uuna raacayaa nidaamkiisa ku dhisan shareecada Ilaahay, wuuna u naseexaynayaa oo waxa uu u tilmaamayaa wax waafaqsan wanaagga guud [danta guud].

Sidaa ayaa ay addeecidda iyo xornimadu isugu milmayaan suuraddaan qurxoon ee aan laga helayn wax aan ka ahayn nidaamka Eebbe.

Sidaa oo kale haweenaydu addoon uma aha ninka kolka ay ku addeecayso xuduuddii ay shareecada Ilaahay jidaysay e, waxay leedahay oo waajibna ku ah in ay ninkeeda hagto haddii ay aragto in uu ka weecday jidka Eebbe.

Haweenayda ninka looma addoomin, maxaa yeelay? Qofina cid aan Ilaahay ahayn addoon uma aha. Sidaa oo kale looma addoomin bulshada iyo awood kale oo ka mid ah awoodaha arlada ku dhaqan.

Keliya, sida ninka oo kale, waa addoon Ilaahay addeecaysa, si toos ah ula macaamilaysa, dareemaysa in ay asaga oo qur ah ay raacayso, awoodda oo dhanna ay xaggiiisa ka timid: *'Eebboow, waxaan maqalnay yeere iimaan dadka ugu yeeraya, [oo leh] Rabbbigiin rumeeya; waana rumaynay e, Rabbiyow noo dhaaf dambiyadannada, naga cafi xumaantayada, annagoo la jirna kuwa ku addeecayana na dil. Rabbiyow, na sii wixii aad noo ballanqaadday [ee aad noo soo marisay ergadaada], qiyaamahana ha na dullayn; adigu ballanka ma guudyeeshid e. Rabbigood wuu aqbalay [oo waxa uu ku yiri]: anigu ma dayacayo shaqada kiinnii shaqaysta lab iyo dheddigba, qaarkiinna qaarka kale ayaa laga uumay'*[11]

Xiriirka Ilaahay ayaa ah kan haweenayda siinaya karaamadeeda aadannimo iyo madaxbannaanideeda dhabta ah. Sida ay isu taqaanno-ahna sida ay Alle agtii ka tahay, waa in ay tahay uumiye aadane ah oo sharfan oo

11 Aala Cimraan: 193-195.

Alle ku xiran, asagana u cuskada noloshiisa, jiritaankiisa iyo awooddiisa.

Xiriirkaan ayaa ah kan siinaya shaqsiyaddeeda si la mid ah suuradda uu siinayo shaqsiyadda ninka.

Ayadu ma aha waax qof kale ka tirsan. Ma aha noole dhimman oo qofnimadiisa noole kale ka dhammaystiranaya-marka laga reebo qaddarka uu ninku jiritaankiisa ku kabayo xiriirka labada isqaba, oo tani waa arrin kale.

Marka ay ninka ku addeecayso addeecitaankii uu Alle ku waajibiyay, ma ay waayayso jiritaankeedii, madaxbannaanideedii iyo shaqsiyaddeedii. Shaqsiyaddu halka ay ku warwareegayso ee abadiga ah, madaxbannaanida halka ay ku noqnoqonayso ee abadiga ah waa in ay gar u leedahay-maya e ay waajib ku tahay, in ay ninka jidka toosan ku duwdo marka ay aragto in uu ka weecday jidka Eebbe.

Ma jiro wax qofka dareensiiya shaqsiyaddiisa si la mid ah sida uu xaqaasi u dareensiiyo; xaqa hagiddu.

Jaxartankii bulshooyinka oo dhan ay u mareen in ay lafahooda dareemaan oo ay xaqiiqsadaan jiritaankooda waxa uu ahaa in uu xaqaan helo. Xaqa hagidda hoggaamiyaha kolka uu jabiyo xeerarka degsan ee ay dhammaan hoggaan iyo shacabba ay hoos imaanayaan.

Xaqaani waa xaq uu leeyahay shaqsi walba oo ka mid ah bulshada mulsimka ah. Waa xaqa ninka iyo haweenayda, wayna ka siman yihiin.

Marka ay haweenaydu ogaato awooddeedaan ay ka helayso xiriirka ay Ilaahay la leedahay, waxaa gunta nafsaddeeda ku samaysmaya shaqsiyaddeeda madaxa bannaan iyo qofnimadeeda ugu hirgashay waaqaca nolosha.

Madaxbannaanidu ma aha in ay la legdanto ninkeeda oo ay ka qaadato mowqifka ruux u diyaarsan weerar.

Noloshu ma aha loollan guri ka socda, waxaana ku filan in ay noqoto halgan lagu la jiro awoodaha sharka ee meel kasta ku diyaarsan.

Nolosha gurigu waa jacayl, xasilooni iyo kalgacayl: *waxaa ka mid ah calaamadaha waaweyn ee jiritaanka Ilaahay lagu garto in uu nafihiinna idin kaga uumay xaasas, si aad ugu xasishaan, waxa uuna dhexdiinna dhigay kalgacayl iyo naxariis'*[12]

Marka jacaylku jiro waxaa jira islajaanqaadis aanay labada isqaba dareemin halka uu ku dhammaanayo iyo meesha uu kan kale ka bilaabanayo.

Sidaa oo ay tahayna waxaa jirta ilbiriqsi uu midiba doonayo in uu shaqsiyaddiisa dareemo oo uu ku ogaado xadka jiritaankiisa.

Taasi waa xuduudda.

Labaduba waa addoommo Ilaahay. Labadooduba waxay awoodaan oo waajib ku ah in uu midiba kan kale ku hago addeecidda ilaahay.

Maya e, waxay awooddaa in ay si ba'an u mucaaraddo haddii uu [Ilaahay] khilaafo.

Iskaba daaye waxay awooddaa in ay ku dhahdo: maanta laga bilaabo ninkaygii ma tihid, marba haddii aad Ilaahay addeeci weyday[13].

---

12 Suuradda al-Ruum: 20

13 Sida caadiga ahna tani waa xaqeeda shaqsi ee abadiga ah ee ay u leedahay in ay kala tagaan ninkeeda mar haddii ay kahanayso la noolaanshihiisa. Faahfaahin ka eeg cutubka: al-Islaam Wal-Mar'ah ee

Sidaa ayaa ay ku xirnaanta Alle ugu dareemaysaa shaqsiyaddeeda oo dhammays ah.

Middaan keliya haweenaydu shaqsiyaddeeda ka dhex arki mayso. Waxay taa kala mid tahay ragga e, waxa ay shaqsiyaddeeda ku kasban karto waa in ay doorashadeeda ku noqoto haweenay sharfan.

Bulshada muslimka ah, sharaftu ma aha mid haweenayda lagu khasbayo oo seef surka ka saaran ah sida ay dadka qaarkood ismoodsiinayaan. Waxa seefta lagu hirgeliyo waa xadka ugu yar sharafta. Waa qadd-arka aanay la'aantii bulshadu noolaan karin. Qaddarkaasna-bulshada muslimka ah dhexdeeda, waxaa lagu waajibiyay ragga isla qaddarka dumarkana lagu waajibiyay, haddii ay noqon lahayd xeerdejinta iyo haddii ay hagidda noqon lahaydba:

'Dhillada iyo dhillayga mid walba boqol jeedal ku dhufta'[14]

'Waxaad [Nebiyoow] ragga muuminiinta ah u sheegtaa in ay araggooda laabaan, xubintooda tarankana ay ilaaliyaan' 'Waxaad [Nebiyoow] dumarka muuminiinta ah u sheegtaa in ay araggooda laabaan, xubintooda tarankana ay ilaaliyaan'[15]

---

buugga 'Shubuhaad Xawalal Islaam'

14 al-Nuur: 2

15 al-Nuur: 30-31.

Xataa qaddarka lagu waajibiyay in lagu fuliyo awoodda qaanuunka, waxay ninka iyo naagtuba awoodaan in ay doortaan mowqifkooda oo ayaga oo aan khasbanayn ay doortaan in ay noqdaan laba sharfan; ayaga oo iimaan dhab ah ku dooranaya ee aan cabsi iyo argagax ka qabin ciqaabta.

Tani waa waxa uu iimaanku ku sameeyo nafaha muuminiinta.

Laakiin sharaftu aad ayaa ay uga ballaaran tahay xuduuddaan rasmiga ah ee matalaysa xadka ugu yar ee la'aantii ay bulshadu salka ka ruqayso. Waxay koobsanaysaa dhisidda nafta oo dhan. Waxay koobsanaysaa fal kasta iyo dareen walba.

Halkaan, waxa uu qofku awoodaa, lab iyo dheddigba, in uu doorashadiisa sharfane ku noqdo asaga oo iskala weyn in uu ku hoobto oo uu ku shalwado qurunka xumaanta, markaana uu si weyn u dareemo in uu qof yahay iyo in uu leeyahay jiritaan aad u ballaaran.

Haweenaydu waxay awooddaa in aanay been sheegin.

Beentu waa qurun uusan qaanuunka dhulku ku ciqaabayn. Marka ay beenta iska dayso isaga ma daynayso cabsi ay ka qabto ciqaabta e, waxay keliya rumaysan tahay in ay iska la sarrayso in ay xumaanta u jabto iyo qabka shaqsiyaddeeda muslinnimo ee u diidaysa in ay hoos u soo dhacdo oo ay jidka Alle ka fogaato.

Waxay awooddaa in aanay cidna jaajuusin.

Waxay awooddaa in aanay cidna huruufin, cidnana liidin.

Waxay awooddaa in aanay cidna sirin, cidnana khiyaanin.

Haddaan soo koobnana, waxay awooddaa in ay toosnaato dhaqankeeda, dareenkeeda, fikirkeeda, dhaqdhaqaaqeeda, iyo xasilinooideedaba.

Kolkaas ayaa ay nafteeda u dareemaysaa in ay tahay aadane. Qiyamka dhulkuna nafsaddeeda waa ay la yaraanayaan, umana tixgelin doonto wax jira marka loo eego jiritaankeeda weyn ee xaqiiqoobay.

Intaa oo dhan ka horna waxaa ay awooddaa in ay noqoto qof caqiido leh; caqiido togan, firfircoon oo saamayn leh.

Caqiidada islaamka lafteeda ayaa xarakaadkeeda wadata oo aan meel ku xasiloonaan karin. Judhiida ay nafta ka hesho booskii ay mudnayd, waa ay dirtaa. Waxay u dirtaa dhan walba.

Ma jiro dareen togan oo ku la mid ah firfircooni gelinta jirka aadanaha iyo xaqiijinta jiritaankiisa.

Ma jiraan wax ku la mid ah daweynta cudurrada nafta oo dhan. Waxay daweysaa liidashadeeda, gaabiskeeda iyo tabnaanteeda. Waxay dawaysaa maroorsanaanteeda, jirrooyinkeeda iyo iskubuuqeeda.

Sidaa darteena, waxay bulshada buslimiinta dhabta ah noqdeen bulshooyinka kuwa ugu yar ee ay ku dhacaan xanuunnada nafsiga ah iyo isku buuqu. Sababtuna waa ambaqaadka togan ee ay caqiidadu awoodaha qarsoon xabsiyada kaga soo furfurayso ee ay deetana u gacanbannaynayso dhabbaha wanaagga, oo deetana naftu ma dareemayso walbahaar, mana ay arki doonto awood xabbisan oo neefin u baahan-inta badanna waa neefin qalloocan.

Tognaantan waa noocyo badan, dhinacyo kala duwanna waa ay gashaa. Ku ma ay koobna meel cayiman, ma na ay aha shaqada maaddiga ah keliya. Waa shaqo kasta. Waa fikrad walba iyo dareen la arkaba. Waa fikrad walba oo damiirka ku soo dhacda.

In qofku yeesho aragti xaddidan oo uu ka haysto walxaha, dhacdooyinka, iyo shaqsiyaadka; keliya in uu ra'yi leeyahay; keliya in uu leeyahay halbeeg uu ku cabbiro walxaha oo uu ku xukumo; taa keligeed ayaa nafta waxay ku tallaalaysaa tognaan aad u weyn oo ay saamaynteeduna ka soo ifbaxdo dareennada, si la mid ah sida ay uga soo ifbaxayso hadallada iyo ficillada.

Caqiidaduna taas ayaa ay samaysaa. Waxay qofka siisaa halbeeggii uu walxaha, dhacdooyinka, iyo shaqsiyaadka ku xukumi lahaa. Waxay siisaa ra'yi uu asagu amaamudo. Wuuna unkaa asaga oo aanay hawadiisu wadin, shahawaadkiisana aan u hoggaansamayn [tani waa tabnaan haba u muuqato tognaan e] waxa uu keliya ka unkaa doorasho ujeeddaysan oo ay ka muuqato bisayl qofeed iyo karti wax kala soocid.

Fagaarahaanina si buuxda ayaa uu haweenka ugu furan yahay, si la mid ah sida uu ragga ugu furan yahay. Haweeynada muuminaddaa-ha doonayso ama yaanay doonin e, waxaa lamahuraan ah in ay yeelato shaqsiyaddeeda togan ee ku aaddan walxaha, sababtuna waa in aysan awoodin aqbalidda wax khilaafsan caqiidadeeda iyo xukunkeeda walxaha, haddii uu doonaba ha ka soo fulo cidda ugu dhow: qoyskeeda ama ninkeeda ama ilmaheeda. Waxaa lamahuraan ah in arrimaha la soo gudboonaada oo dhan ay muuijso ra'yigeeda, ku raacid iyo ka diidis mid uu yahayba.

Intaa ka dibna ma uu jirayo shay u diidaya in ay u jihaaddo caqiidadeeda kolka ay arrintu jihaad u baahato; jihaad ay u adeegsanayso wadiiqo kasta oo ay goobta dagaalka uga baahan tahay[16].

Waxay awooddaa in ay shaqsiyaddeeda, tognaanteeda, iyo saamaynteedaba ay ka dareento ilmaheeda. Waa sida ay ugu barbaariso caqiidada iyo toosnaanta ee ay ugu jihayso.

Curfiga islaamku ma dhigayo in haweenaydu tahay aalad dhalmo, xannaanayn iyo nuujin.

Haddii ay sidaa tahayna sidaa oo dhan ugu ma uusan dedaaleen hagaajinteeda, waxbariddeeda, xoojinta iimaanka damiirkeeda, mana uusan siiyeen dammaanadaha nololeed, qaanuun ahaaneed, nafsadeed, iyo rooxaaniyeed si ay u hesho jiritaan xasiloon.

Islaamku dedaalka intaa le'eg ee dhibta badan loo marayo ku ma uusan bixiyeen barbaarinteeda iyo sidaa oo kale barbaarinta ninka si shaqsiyaddoodu ay noqoto laba ruux oo arlada muddo inta ku dhaqnaada ka dibna isaga taga.

Sidaa ma aha! Xaalka noocaas ah iyo dedaalkaani sidaa kuma ay sinna.

---

16 Oo ay shareecaduna u bannaysay. T

Islaamku waxa uu weligiiba xisaabsadaa jiilasha soo socda ee ay jiilka jooga tarbiyaynayaan. Waxa uu u hagaajinayo maantada la joogo waa in weligeedba waxsoosaarka berri ah ay nadiif noqdaan.

Si uu taa u fuliyana waxa uu ninka iyo haweenaydaba ugu dedaalayo waa in ay labadoodu yihiin aabbaha iyo hooyada dhasha cusub, laakiin se waxa uu si gaar ah ugu sii dedaalaa haweenayda, sababtuna waa in hooyadu tahay cidda unugta jiilasha. Sida dhabta ahna ayada ayaa unugta. Aabbuhuna mar dambe ayaa uu la qaybsadaa. Laga na yaabee in markaa ka dib uu arrinta oo dhan si buuxda ula wareego. Laakiin, saamaynta ugu horraysa ee ku daabacanta nafta ilmaha ee xiskiisana asaga oo nuunne ah ku duuganta, shaqsiyaddiisuna ay marka dambe ka samaysanto, waxa uu intooda badan ka qaataa hooyada, waxaana sidaa ka dhigaya waa in uu ayada ugu marmaran yahay si muuqata iyo si macnawi ah, ugu yaraan ilaa inta uu ka soconayo, ee uu ballaarinayo bulshada uu la nool yahay.

Sidaa darteed ayaa uu islaamku haweenayda u siiyay dammaanadihii nolosha, uma na uusan baahin in ay shaqayso si ay nafteeda iyo qosykeeda u kafaalo qaaddo. Si ay ugu gacanbannaanaato shaqada ugu culus nolosha dadka: shaqada soosaaridda aadanaha, ilaalintooda, iyo in laga dhawro fasahaadka.

Waxaa doqonnimo aanay jirin doqonnimo ka weyn ah in casrigaan takhasusaadka haweenayda laga qaado takhasuskeeda aanay cid kale kari karin, si ay uga qaybqaadato waxsoosaarka maaddo ee ay raggu awoodaan in ay sameeyaan, qalabka iyo aaladuhuna ay awoodaan in ay qabtaan.

Waxaan ka warramaynaa tognaan.

Haweenaydu waa ay awooddaa in ay barbaarinta ilmaheeda ku dareenta tognaanteeda iyo xaqiijinta jiritaankeeda. Waxaan ka hadlayno waa barbaarin e, ma aha keliyaata dhalidda, xannaanaynta iyo nuujinta ay sameeyaan bisaddii wax dhasha iyo sacii irmaanba.

Tarbiyad. Unkidda nafsadeed ee ilmaha. Caqiidada saxda ah in lagu beero ciidda cusub. Timirta la soo laangooyay si ay u baxdo inta meel cusub lagu beero.

Waa dedaal weyn, dhib badan, rafaad miiran ah oo dheer. Waa dedaal togan marka ay haweenaydu wanaajiso. Wanaajintana way awooddaa!

Taa macnaheeduna ma aha in aanay shaqaysan!

Islaamku uma diidayo shaqada. Arrintuba waxay ku kooban tahay in uusan ku laabqabowsanayn. Waxa uu u banneeyay waa in ay tahay baahi. Laakiin ka ma uusan dhigin asalka walxaha.

Waxa uu ugu horrayn kahanayaa in tamartii haweenayda la geliyo fagaaraheedii asalka ahaa meel aan ahayn. Marka labaad waxa uu kahanayaa in uu xididdadeeda noojiyo oo uu shaqo ku rafaadiyo, deetana aanay sii jirin dhalaalkeeda, raaxaysigeeda, qoyaankeeda iyo gacaltooyadeedu, oo markaa gurigana laga waayo farxaannimadeedii jawiga macaanin jirtay, ee dacalladiisana ay isu hayeen sixirkeeda maalinba sii cusboonaanayay ee badda ahaa. Marka ay haweenaydu shaqayso waxa ay sida ninka oo kale, soo laabanaysaa ayada oo daallan oo murqo xanuun la rafaadsan, deetana ninka ayaa ay isla hardamaan, waxa ayna noqdaan labo la isku taagay oo aan isfahmayn. Kaaga daran e, ilmuhu ma dareemayaan in ay hooyo leeyihiin. Waxay keliya u qaadanayaan in ay leeyihiin laba aabbe oo lab ah.

Sidaa darteed, ayaa uu islaamku ku dedaalay in uu u kafaalo qaado baahiyaha nolosha oo aanay u baahan rafaad iyo shaqo ay arsaaqdooda ku dhacsadaan. Sidaa oo ay tahayna haddii ay dantu keento kama uusan xaaraamayn in ay shaqayso. Dantuna weligeedba waa ay jirtaa.

Laakiin shaqooyinka dumarka u gaarka ah: waxbaridda, kalkaalinta caafimaad iyo dhaqtarinta haweenka, ma uusan bannayn keliya e, waxa uu ka dhigay waajib la mid ah waajibka ciidannimo ee uu ku waajibiyay ragga.

Cilmigu se waa faral, faralkaanina xad ma leh.

Arrintuba waa in ay wanaagsan tahay in kolka hore ay barato wax abuurteeda munaasab u ah oo u diyaarinaya shaqadeeda weyn ee ku aaddan unkidda jiilasha, deetana haddii ay doonto ay barato wax Alle iyo wixii ay damacdo ayada oo aan jidgooyo iyo yaxyaxin toonna lagu gudbayn.

Tanina waxay inoo jiidaysaa mowduucii isdhexyaaca. Marka ay jaamacad wax ka baranayso wiilasha ayaa ay dhexgalaysaa.

Waxaan si daacad ah isugu dayay in aan helo sababo bannayn karta isdhexyaaca![17]

Waxaan akhriyaya caddaymaha lagu doodayo, waxaana damacay in aan rumeeyo.

Waxaan akhriyay sheekada hagaajinta[18]!

Bulshada isdhexyaacsan waxay hagaajisaa dareennada jinsi, awooddeedana waa ay dhintaa. Sababtuna waa in aanay jirin baahida jinsi ee gaasha ah ee dhalisa weecashada iyo faxsharnimada.

Markii uu barbaarku gabar arko ee ay ayaduna aragto, ayna labaduba ku qaboobaan aragtida iyo kulanka, ee ay baahidii kululayd ee dhuumanaysayna ay baxdo, jinsigu ma sii ahaanayo shuqulka koowaad, inanka iyo inantuna waxaa ay iskala sarraynayaan abuurta xoolannimadoodii, waxaana taa ugu wacan waa in ay kulankooda ku buuxiynayaan sheekooyin cilmi, suugaan, falanqaynta siyaasadda, arrimaha bulshada iyo fikirrada; walxo ka baxsan fagaagga jinsiga.

Marka uu barbaarku la joogo bulsho isdhexyaacda, hadalkiisu wuu hagaagsamaa. Kuma uu hadlo erayada fuxshiga ah ee uu caadi u arko marka uu barbaarta la joogo.

Marka ay gabadhu la qabsato la kulanka ninka iyo la

17 Aragtida bulshada muslimka ah waxaa asal ah in ay jirto jaamacad dumarka u gaar ah se, waxaan halkaan ka soo qaadaynaa in waxbrashada wadaagga ah ay tahay lama huraan.

18 Tan oo kale waxaa balaaqo ahaan la hoosgayn karaa qaybta loo yaqaanno jeestaynta oo ah in eray la siiyo macne uusan lahayn oo ay cid kale u sawirayso in uu macnahaas leeyahay. Reergalbeedku waxay fasahaadka isdhexyaaca ka dhashay ay ku sheegeen in uu yahay hagaajinta arrimaha jinsiga iyo raaxada jirka, sidaa ayaa uuna qoraagu u qaadanayaa asaga oo ka dhigaya in uu macnahoodii ku raacay balse ujeedkiisu yahay in uu sawiro sida uusan fasahaadku u noqon karin hagaagsani. Tur.

saaxiibiddiisa waxaa isbeddela suuraddii ay ka haysatay oo ma uu sii ahaanayo dhurwaagii dadqaadka ahaa, xayawaanka sida yaabka leh isu bedbeddeli jiray, noolihii laga cabsan jiray iyo jirkii oommanaa ee u carrablaalaadsanayay jir baahan.

Kolka ay labada jinsi kulmaan waxa uu midiba bartaa kan kale dabeecadihiisa, kulanka guurkuna ma noqdo kediskii ashqaraarka ahaa ee neerfayaasha wareerinayay, isfahamkana ka naxsanayay.

Kolka uu barbaarku haweenka arko ee ay bulshada ku wada milmaan, waxaa dhacay isbeddelka jinsi ee nadiifka ah ee culayska ka rogaya xididdadiisa, barbaartana u gacanbannaynaya waxsoosaark-arday ama shaqaale ama xoogsade kii uu doonaba ha noqdee.

Marka ay gashaantidu aragto ragga ee ay buslhada ku wada milmaan, isbeddelkaas oo kale ayaa dhacay, mar dambana inantu tamarteeda ku bixin mayso isqurxinta ay ragga ku ugaaranayso, ugaarsiguna ma sii aahanayo hammigeeda aan marna ka harayn.

Kolkaa..... markaa..... Goortaa.....

Waxaan iskay u doonay in aan waxaas oo dhan rumaysato, aamminiddeedana waan u janjeersaday!

Dabeetana waxaan baadigoobay sawirkaa qurxoon, dabacsan, sarreeya ee sharfan halka laga helo? Halkee ka laga helaa si aan u arko oo aan nolosha waaqiciga ah ugu rumaysto ee aanay ugu koobnaan khayaaliga iyo hurdada?

Ma galbeedka? Ma bariga? Ma Masar? Mise waddan ka mid ah waddamada adduunka?

Oo Maraykanku ma waxay cabburinta jinsiga uga

cabanayaan isdhexyaac la'aan darteed?

Haddii ay sidaa tahay maxaa wacay in ay ka cabaaddo waxaas oo ceebo akhlaaqeed ah-ceebo gaarsiiyay bulshadaan bilaa akhlaaqda ah in ay ku tilmaamaan in ay yihiin fadeexooyin, dawana u doondoonaysa?

Maxay uga cabaadaysaa fadaqjinsiyeedka?[19]

Maxay u dan leedahay oo ay uga cabanaysaa xaaladaha furriin ee boqollaydeedu ay u kordhayso si ka badan waddamada dunida ee kale oo ay xitaa Masar ku jirto!

Dawladaha waqooyi ee Yurub miyaa ay ka dhimman yihiin isdhexyaacu ama hagaajintu ama isumiisaamidda dhaqaale ama xasilinooda siyaasadeed ama wax uun ka mid ah arrimaha kale?

Haddaba, maxaa wacay oo ay akhlaaq xumadu aad ugu sii foolxumaatay oo ay u gaartay heerkii ugu sarreeyay? Ardayaddu waxay aaddaa guryaha ardayda si ay casharro ugu la ceshato joodariga korkiisa ayada oo hore u sii qaadanaysa waxyaalaha uurka la isaga waardiyeeyo ee qalab iyo dawaba leh!

Ilaa cabbaar kama hadli doono akhlaaq!

Waxaan arrinta uga hadlayaa dhankeeda nafsi ahaaneed oo qur ah. Meeday dheragta isdhexyaacu keenayo ee ka kaafinaysa hawlaha jinsiga dhammaantood, maya

19 Waxaan buuggayga 'al-Islaam bayn al-Maaddiyah wal-Islaam' ku iri: fadaqjinsiyeedka ku fiday Faransiiska iyo Maraykan ee suuragelinaya fursad walba oo lagu dherjin karo dareenka jinsi ee u diyaarinaya wadiiqo walba oo sahlaysa, waa arrin soojiidasho leh. Waxaad mooddaa in fadaqnimojinsiyeedku ay sidaan ugu faafayso ayada oo leh midab isbeddel!. Q. [Waayadaan dambe se waxay gaartay in fadaqjinsiyeedku noqodo mid ka mid ah qiyamka barbaarineed, aqooneed, siyaasadeed, iyo dhaqaale ee ay reer galbeedku dunida ka gadaan ka dib markii ay ilaa xaddigaas hoobteen oo ay lumiyeen xishoodkii intii ugu dambaysay ee ku sii harsanayd.] T

e, ka kaafinaysa ku talaxtaggooda?

Waxa Yurub iyo Maraykan ka dhacay waa taa lidkeed. Waxaa dhacay raabbiyo jinsi oo waalli ah. Waxa keliya ee meesha ka baxay waa xeeladaysigii lagu heli jiray raaxada xaaraanta ah iyo daandaansigii jidadka. Tani in la iska la weynaaday uma aanay qarsoomin e, waxaa qariyay sida ba'an ee loo sahlay.

Ma waxaan baan doonaynaa? Mise waa waxaan waxa aan u ololaynayno-haddiiba ololuhu daacad ina ka yahay.

Hagaajinta ma waxaan u naqaannaa waxaan aan galbeedka ku aragno? Markii la waayo daandaansigii jidadka ma waxaan u qaadanaynaa in bulshadu nadiiif noqotay iyo in aan sharfanayaal noqonnay-xitaa haddii ay guryaha, golayaasha iyo jidadku ay mararka qaar isu rogaan goobo tumasho?

Taariikhda la gu ma hayo natiijo aan tan ahayn oo uu isdhexyaacu keeno. Sidaa oo kale ayaa ay ahayd Giriiggii hore, Roomadii hore, Beershiyiintii hore, iyo Hindidii hore. Maantana waa sidaa ka dib boqollaal sano oo horumar ah, horumar iyo reer magaalnimo ah.

Marka aan isu miisaanno dhibaatooyinka ka dhalanaya isdhexyaac la'aanta iyo hagaagsanida isdhexyaacu keenayo, waxaan anigu dooranayaa kan hore aniga oo aan ka labalabaynayn oo aan u baahnayn fakar dheeri ah!

Laakiin se xijaabka turkiga ah ee muuqiisu maanka u

soo degdegayo ma aha kan fikirka islaamku doonayo.

Ujeedku ma aha in ay haweenaydu ninka si buuxda isaga qariso oo ay khayaalkiisa bukana huriso, sidaa oo kalana ma aha in uu ninka ka qarsoomo dumarka.

Waxa looga jeedo waa in aysan la samaysan xiriir gaar ah oo aan ku xirnayn xarig sharci ah oo si muuqata loo wada og yahay.

Kani waa albaabka uu sheydaanku ka soo galo oo uusan weligiiba ka bixin.

Way baxaysaa oo ragga waa ay arkaysaa, ayaguna waa ay arkayaan, waxa keliya ee shardigu yahayna waa in aysan qaawanayn oo aanay u soo bixin fidno, ugaarsi iyo soojiidasho.

Bixiddu iskeed mamnuuc uga ma aha. Ujeedku waa in la gaaro halka ay tahay in la isweydiiyo. Ma waxbarasho ayaa ay u baxaysa? Ma shaqo ayaa ay aadaysaa? Ma cadceedda iyo hawada in ay soo aragto ayaa ay u soo baxaysaa? Dhammaan intani waa ay u bannaan yihiin. Dhammaantood waa nadiif. Idilkoodba waa sharci. Laakiin in ay u qarsoon tahay dareen ah in ay fidno kaakiciso, dheddignimadeedana ay laboodka u banbixiso, oo aqoonta, shaqada iyo damaashaadkuna ay waxaas oo dhan daah u noqdaan, ayaa ah halka dhagaxu ku dhacayo, sababtuna waa in ay tani tahay bilowga jidka aan dhammaadkiisa ka aragno galbeedka anshaxa beelay iyo bariga ku fidnaysan.

Ninka waa ay la macaamilaysaa wuuna la macaamilayaa, way la hadlaysaa wuuna la hadlayaa, wax bay la falanqaynaysaa wuuna la falanqaynayaa, wuu hanuuninayaa, adeegyada ay baahiyaha noloshu khasbaysana way isdhaafsanaayn. Intuba waxay ku hirgalayaan jawi nadiif ah oo aanu caad saarnayn, hoosta aan fidno ku wadan, aanay soo dhexgalayn qosol faajirnimo ah, eeg-mo galkabixis ah, xarakaad isqaawin ah, iyo iljabin dah-soon.

Ujeeddooyin nadiif ah iyo dhaqan nadiif ah.

Caaddifaddeeda se? Miyaa ay hanataa?

Hilowga abuurta ah ee jinsiga kale miyaanay ku kaak-acayn? Miyaa uusan araggeedu ku dhacayn nin qur ah, oo deeto aragti ahaanteeda uusan la fiicnaanayn, u jan-jeersanayn oo aanay u hawoonayn?

Islaamku waa nidaam dhabta ku dhisan.

Dhabnimaduna ma aha in arrimaha lagu xalliyo waji-cabbuusnimo iyo wajiduuduubid. Rasuulka sharfan S.C.W weeye kan yiri: *'xilli ka xilli u raaxeeya qalbiyadi-inna.'*[20] Rasuulka S.C.W, dadku ma aanay arki jirin asaga oo aan bashaah ahayn oo aan dadka u dhoollabiray-nayn.

Ujeeddadu waa in si dhab ah arrimaha loo wajaho, ee aan la isdoqomayn, la faxsharoobin oo aan la may-acmayaclayn.

Sida uu islaamku qabo waa in ay caaddifaddu noqoto mid dhab ah, sidaa in ay tahayna waa uu ixtiraamayaa.

Jacayl dhab ah, ka helid dhab ah, u janjeersi dhab ah iyo dareenno dhab ah.

Waxa uu Quraanku ka warramayaa inantii Shucayb

20 Waxaa weriyay Abii-Daa'uud oo Anas ka weriyay.

iyo sidii ay Muuse C.S uga heshay, sidii ay aabbaheed ugu sheegtay ee basiidka ahayd ee dhabta ahayd, ee aan iskakeenkeen ku jirin, faxsharnimo wehlin, liidasho lahayn, isjajabin iyo mayacmayc toonna lahayn: *aabboow shaqaalaysiiso, cid la shaqaalaysto waxaa ugu wacan kii aammin ah oo xoog leh.*[21] deetana aabbaheed waa uu u guuriyay.

Waxa uu Quraanku ka warramayo waa tusaalaha uu jecel yahay in ay bulshadu ku noolaato. Ma uusan deedafayn, ma na uusan doonin in ka heliddeeda uu ku soo gudbiyo wax aan ahayn warkeedii diirka ka caddaa, ka ma na uusan dhigin sir ay gabadhu uurkeeda ku haysato ee aanay ehelkeeda u sheegin.

Qoyskuna bulshada muslimka ah waa u qoys muslim ah. Taas oo ka dhigan qoys isfahamsan, iskaashanaya, isku xiran, ay haraysay kalgacayl iyo iswaafaqid, kuna dhaqma warka oo la isu caddeeyo iyo isxurmayn. Jawigaa gacaltooyada iyo turriimada leh, nadiifka ah ee warkoodu cad yahay ayaa ay gabari ku awoodi kartaa in ay sheegto caadifaddeeda nadiifka ah ee aan lahayn wax wasakheeya, waxayna ka heshaa qaddarin ama waanin ama si uun in la isu fahmo.

Laakiin se islaamku raalli ka ma aha wasakhda.

Wasakhda ay ku sheegaan jacaylka ah jinsi oomman oo malabsanaya. Kani meelna ka ma soo galo fikradda uu islaamku ka haysto aadanaha.

21 Suuradda al-Qasas: 26.

Islaamku ma yaso baahiyaha abuurta ah, ma dirqiyo, ma na uu qurunsado. Jinsigu iskii uma aha qurun, ma na aha xaaraan.[22] Laakiin se shardiga islaamku waa in aadanuhu u laabtaan fidradooda: xantoobadii ciidda iyo naftii lagu afuufay. Middaan ama taa keligeed ma aha. Ma aha jir oomman oo xayawaan ah, ma na aha ruux nolosha ka go'day oo isbaadariyaynaysa. Labaduba waa xaaraan.

Waxa uu banneeyay guurka, waa uu u ololeeyay, dadkana waa uu jeclaysiiyay.

Guurkaan ayaa uu jinsigu ka helayaa ambaqaadkiisii dabiiciga ahaa, laakiin se waxa uu ku helayaa qaabkii fidrada fayoobayd. Waxa uu ka helayaa asaga oo ku xiran yool sarreya ee aan iskiina u ahayn yoolka keliya ee uu u socdo.

Halkaan ayaan ku soo gaaraynaa mushkiladda barbaarka doobka ah iyo gashaantida aan weli la guursan.

Mushkiladda 'qaditaanka', waa maxay xalka uu islaamku u hayo marba haddii aan xaaraamaynayno dhammaan xiriirrada jinsi ee aan guurka ahayn?

Xalka uu islaamku u hayo waa koox heerar iyo waxqabadyo isugu jira.

Ugu horrayn: waxa uu bulshada ka nadiifinayaa wax walba oo keeni kara kaakicinta waallida ah ee juqajuqaynaysa dhiigga dhallinyarada, dulqaadkooda jinsina

22 Faafaahin dheeri ah ka eeg cutubka 'mushkiladda' ee buugga 'Al-Islaam bayn al-Maaddiyah wal-Islaam'.

waxyaalaha ugu culus ka mid dhigaysa. Qaawananaan ma ay laha saxaafaddu, idaacaddu, shaneemadu, masraxu, sheekadu, iyo jidkuba.

Marka labaad: waxa uu nolosha u dejiyaa yoolal dhab ah oo uu u hawlgelinyo tamarta nafsadeed, korna uga qaadaysa wasakhnimada uu xaaraameeyay.

Marka saddexaad: Tamarta nool ee qulqulka ahna waxa uu u hawlgeliyaa shuqul jir-nafsadeed oo joogto ah, oo waxa uu barbaarka ku mashquuliyaa jimicsiga [fardafuulnimada/tababbarka ciidannimo iyo jihaadka][23], inantana waxa uu ku mashquuliyaa maamulka guriga; labadooduna waa dedaal dareennada kor u qaadaya, ilaa xillina mashquulinaya.

Marka afaraad: waxa uu cibaadada ka dhigay qayb ka mid ah hawlqabadka joogtada ah ee qofka, waxa uuna ka dhigay wadiiqo nafta lagu sharfo oo kor loogu qaado.

Sidaa oo ay tahayna waxa uu og yahay in ay yihiin xal waqtiyaysan ee aan adkaysan karin muddo dheer. Waxa uu markaa go'aamiyaa in hore hore loo guursado, si uu u soo gaabiyo muddada baagamuuddada jinsi ee sharka soojiidda.

Aan tanna warkeeda caddayno sidii aan u dalbannay in arrimaha kalana aan warkooda caddayno.

Duruufaha bulsho iyo dhaqaale ee kakan ee xilligaan taagan ma oggolaanayaan in hore hore loo guursado.

Tani waa gar, laakiin se ma aha gar lagu khasban yahay

23 Waxaa qaybtaan ka mid noqonaya shaqada iyo culaabta kale ee qoyska ee ay raggu duudka u ritaan ee ka baxsan tan jikada ee uu dhaqanku ka dhigay mid badi dumarku qabtaan, sida dhaanka, geeljirannimada-dabcan, magaaladu se ma leh oo badi wiilashu wax la sheegi karo reerka u ma ay qabtaan. T

iyo waaqac aan la doorin karin.

Inanka Maraykan ku nool waa uu shaqaystaa marka uu dugsiga sare dhigto, wuxuuna qaataa wixii uu gacantiisa ku shaqaysto. Ugu dambayn waxa uu ku filnaadaa naftiisa, haddii uu doonana waa uu guursadaa. Jaamacad buu dhigtaa oo hawlihiisa asaga ayaa kharash garaysta. Nidaamka waxbarashada ee halkaa waa uu sahlan yahay ilaa xad ay ardayga u suurowdo in uu waxbarto shaqaysto, xaggaa iyo xaggaana uusan shaqo la'aan ku noqon.

Waxa ay awoodaan dadka Maraykanku, muslimiintuna waa ay awoodaan.

Annagu, si walba oo uu xaalku yahay, waxaan ka sheekaynaynaa bulsho muslim ah ee ka ma warramayno waaqaca hadda jira ee aanay suuroobayn in la fuliyo wax yar oo ka mid ah tafaasiisha hoose ee islaamka.

Bulshada muslimku waxaa ay dhaqaaalahooda waafajiyaan habkii la jaanqaadi kara mabaadidiisa akhlaaqeed iyo mabaadidiisa rooxaaniyedeed[24], oo tan iyo taasiba waa ay isu yimaadaan, dadkuna ma noqdaan kuwo u kala qoqoban baahiyahooda maaddi iyo amarrada ay diintu ku kallifayso.

Nidaaminta dhaqaale si walba oo ay u adag tahay ee ay ugu baahan tahay in la geliyo dedaal badan oo xiriir ah, ma ay aha wax aan suuroobayn iyo wax aan la fulin karin marka ay niyaddu u soo jeesato ee uu iimaankuna xoojiyo lamahuraannimadeeda.

24 Faahfaahin ka doono buugga 'al-Caddalah al-Ijtimaaciya fii al-Islaam'

Markii guurka laga hadlayana, inantu uma ay baahna in ay suuqa aaddo oo isbandhigto sida addoommada suuqa la geeyo loo soo bandhigi jiray oo kale. Islaamku taa wuu ka sharfaa oo waa uu ka ilaaliyaa. Waxa uu siiyay xuquuqdii aadanaha oo dhammaystiran. Waxa uu xaq u siiyay in ay nafteeda nin u doonto haddii ay damacdo, waxa uuna xaq u siiyay in ay diiddo ama aqbasho ninka soo doonta, si la mid ah sida uu waajib uga dhigay in guurinteeda oggolaansho looga qaato, haddii looga qaadan waayana uu guurku u burayo oo loo joojinayo.

Laakiin se waxaa waajib ah in ay wax walba si nadiif ah ku dhacaan.

Marba haddii ay inantu soo baxayso, waxbaranayso, shaqaysanayso, ayada oo doonayso in ay isaga filnaato duruufaha ku xeeran, hadde wax cabsi ah laga ma qabo in ay sii ahaato tu xabbisan oo aanay raggu arag. Taasi weligeedba ma dhicin oo taariikhda lagu ma hayo, xataa dhammaan waagii xijaabka turkida ee haweenayda gurigeeda ku ekaysiiyay.

Marka ay bulshadu nadiif tahay waxaan la hurayn in ay raggu guursadaan marba haddii aanay helayn raaxadii qurmoonayd ee sahlanayd ee ka kaafinaysay guurka. Amminkaas ma ay dhacayo mushkiladda guur ee haatan taagan ee gashaantida ku khasbaysa in ay suuqa timaaddo si ay nin guursada u ugaarato.

Sidaa darteedna mushkiladdaan werwerka ku haysa bulshada faddaraysan ee maagaladu iskeed ayaa ay u baabba'ysaa kolka aan muslimiin noqonno.

HIRDAN 190

Xilliga doonistu ku filan barashada akhlaaqda, dabeecadaha iyo shaqsiyadda qofka, wax baahi ahna loo ma qabo in ay isbarashadu noqoto isdhunkashada la gu la dhuunto goobaha qarsoon. Taasi waa ayada oo loo xeeladaysanayo raaxadii jinsiga oo loo adeegsanayo magaca isbarashada iyo xulashada.

Asaga iyo ayaduba waxaa ay xaq u leeyihiin in ay kulmaan, isbartaan oo ay arrimaha isla dersaan. Laakiin waa in ay goob xushmaysan tahay, ehelkuna joogaan, ee aan indhaha ka qarsoonayn.

Sidaa ayaa ay dhabnimada arrimuhu noqdaan.

Haddii ay goostaan waxay gar u leeyihiin in ay isku xirmaan, xilligaa laga bilaabana waxay noqonaysaa xaaskiisa, waxa uuna awoodaa in uu kula baashaalo riyadii doonista wacnayd ee uu barbaarku u mintiday oo waxay sugtaan ilaa dhismaha reerka, deetana waa ay israacaan, soo damaashaadaan oo soo baashaalaan ayaga oo Alle iyo Rasuulkiisu u xalaaleeyeen.

Kolka ay guursato, uur yeealato ee ay dhashana, shaqadeeda koowaad waa gurigeeda iyo xannaanayta waxsoosaarkeeda aadane ee cusub.

Laakiin taasi uma diidayso hawlqabadkeeda bulshada ay ku dhex lahayd ee dhabta ahaa, daacadda ahaa, nadiifkana ahaa. Islaamku u ma dulqaadan karo nooc walba oo faddarannimo ah, faddaranimadaasi haddii ay doonto ha noqoto istustus ay naftu isku muujinayso, fasahaadinta arlada ama ka weecashada tubta toosan.

Kolka ay haweenaydu gurigeeda uga baxdo si ay uga qaybgasho xaflad jaas, kolkay u baxayso si ay ula kulanto rag ajnabi ka ah si ay ula kaftamaan oo ay quruxdeeda u ammaanaan, marka ay u baxdo si loo sheegsheego in ay arrimaha bulshada ka shaqayso, kolka ay u baxdo in ay saaxiibteed soo booqato oo ay dadka isla xantaan, kolka ay u baxdo si ay arlada ugu fasahaadiso jidkii ay u mari kartaba, waxaa xaaraan ka noqonaya bixitaannadaas oo dhan xitaa haddii uu ninkooda u oggolaado ama ba uu ku dhiirrigeliyo.

Kolka ay u baxdo in ay dumarka isu kaashadaan hagaajinta bulshada, oogidda caqiiqadada qumman, barbaarinta nafta, la dagaallanka musuqa iyo u halgamidda caqiidada; bixitaannadaas oo dhammi waa u xalaal mar haddii aanay tabarruj [isqurxin aan sharciga waafaqsanayn] samaynayn, xuduudda Allana aanay ka gudbayn.

Waxa tixgelinta leh ma aha bixidda lafteeda e, waa ujeeddada ka dambaysa iyo qaabka ay u dhaqmayso.

Taasi waa xaaladda gabadha muslimadda ah ay kaga sugan tahay bulshada muslimka ah. Waana taas xoroobidda dhabta ah ee haweenayda.

Kolka ay haweenaydu xorowdo ayaa ay bulshaduna xorowdaa, illeen ayada ayaa ah barbaariyaha jiilasha.

Laakiin xoraynta lagu andacoodo ee ay gaareen

gabdhaha galbeedku, ayna u qaylodhaansadaan u ololeeyayaasha xoraynta ee bariga islaamka ayada oo ay ku dayashadu dabada ka riixayso, waa uun nasakhidda haweenayda, nasakhidda ninka, iyo nasakhidda jiilasha.

Si walba, galbeedku waxay lahaayeen duruufahoodii aan hore u soo sharraxnay, ee fasiraysay hoobashadooda iyo weecashadooda. Ilaahay waa uu naga caymiyay duruufahaan foosha xun ee burburinta aha e, maxaynaan ugu mahadcelinayn innaga oo xaggiisa u laabanayna, ku na soconayna jidkii uu inoo ga raalli noqday?

Haweenayda bariga islaamku waxay ku sugan tahay xaalad aad u xun. Xaalad ay habboon tahay in laga shaqeeyo beddeliddeeda iyo in awoodaha dhan la isugu geeyo isbeddelkaan sidii uu u dhici lahaa. Laakiin aan baranno halka sartu ka quruntay si aan u aqoonsanno qaabkii aan u dawayn lahayn.

Haweenayda ku dhaqan bariga islaamka marka laga reebo in yar oo dhif ah, waa haweenay xayawaanad ah!

Xayawaanad ku dhaqan tuulooyinka iyo baaddiyaha oo lagu galeeyay wasakh muuqata iyo mid macnawi ah, u addoonsanaanta ninka iyo xaaladaha ka aloosan bulshooyinka dibusocodka ah ee damiinnada ah.

Waa xayawaanad magaalo, nadiif ah, la jaanqaadis leh, dabacsan oo jaaslay ah, laakiin sidaa oo ay tahayna xayawaanad ah. Xayawaan u addoonsan baahiyaha nafta.

Waa marka laga reebo inta yar ee dhifta ah ee si ogaal ah Alle u rumaysan, nafteedana rumaysan ayada oo u maraysa rumaynta Ilaahay.

Tan baaddiyaha joogta waa jaahilad la addoonsado oo aan lahayn jiritaan iyo xaqiiqo. Waxaa addoonsada ninka oo mar u ah aabbe, marna walaal, marna nin, marna qaraabo, waa se marka laga reebo haddii ay xoolo leedahay, oo kolkaa nafteeda ayaa ay ku baraarugtaa, jiritaankeedana waa ay ku faantaa, se waa qaabka xayawaannimada.

Tan magaaladu waa mid dabar walba iska furtay, lebbiskeeda isku qurxisay ee isqaawisay, ragga la saaxiibtay-saaxiibnimo noocyo badan, wayna shaqaysaa ayada oo xoogsato ama shaqaale ah. Waxay yeelatay dakhli ay gacmaheeda ku tabcatay, waxayna muuqa kore noqotay haweenay nin ka madaxbannaan oo ka xorowday galaangalkiisa. Dabadeedna!

Dabeetana nafteeda ayaa ay doorashadeeda ugu addoomisay baahida xayawaanka. Mar kale ayaa ay ninkii ku laabatay, markanna ayada oo sharfan oo isla sarraysa ma ahan e, keliya ay baahida liidata waddo, waxayna martay waddadii xayawaanka.

Sidaa darteedna ma aanay xoroobin.

Keliya waxay ka fakatay dabar, dhiiggeedana waxaa weli qulqulaya caabuqii addoonsiga.

Xorriyadda dhabta ah waa maalinta ay aadanuhu-labadooda jinsiba, iska sarraysiiyaan baahiyahooda khasbaya iyo shahawaadka dabada ka riixaya, ayna u wareejiyaaan dhaqan xorriyadeed sarrayn iyo doorasho leh.

Gabadhaan isqurxinaysa miyaa ay awooddaa in ay baxdo ayada oo aan isqurxin, isnaashnaashin, xubnaha soojiidashada lehna aan muujinayn?

Miyaa ay awooddaa in ay jidka u soo baxdo ayada oo aan dan ka lahayn, kuna mashquulsanayn in ay eegmo u bogitaan ama dhaqanxumo ku ugaarato?

Haweenay walba waxay jeceshahay in ay tahay mid loo bogo ama ugu yaraan aan laga didin.

Taasina waa dareen dabiici ah oo aan dhib lahayn, weecashana ku jirin.

Laakiin se aadanuhu waa uu dabraa waxa riixaya, ilaa dhammaadkana kama uu daba-ordo.

Farqi weyn baana u dhexeeya haweenayda jecel in loo bogo, jiritaankeeda oo dhanna la ixtiraamo iyo midda isku koobaysa muuqa jirkeeda, in loobagana ku doonaysa dareenkicin iyo soojiidasho.

Tan hore waa mid xorowday oo nafteeda hanatay qayrkeedna ku khasabtay, tan kalana waxay addoon u tahay dareemmada ku duugan iyo dadka kale.

Xoroobidda dhabta ah waa hawlgal adag oo culus, kharash badanna ugu kaca dareenka, habdhaqanka iyo afkaarta. Laakiin se xoroobidda beenbeenta ah ee aan ka wadno iska furidda dabarrada wax ka sahlan oo ka jilicsan ma jiraan, waana maalinta ay bulshadu isu rogayso koox ilmo xayawaan ah.

Halbeegga dhabta ah ee qiimaha haweenayda xorta ah waa suuradda ay ku leedahay xiska ragga ee bulshada ay ku nooshahay. Sidee ayaa uu ninku u arkaa? Si dhab ah ma u ixtiraamaa haddii ay ka horrayso iyo haddii ay ka dambaysaba? Mise waa uu u malabsadaa oo dareenkiisa ayaa u sawira asaga oo gogosha kula baashaalaya?

Ninkaani waa nin liita, dhab ahaantii. Waa nin xoolo ah ah sideeda oo kale.

Laakiin se ayada ayaa awoodda-kolka ay nafteeda aamminto ayada oo u maraysa jidka Eebbe, in ay qiimaheeda kor u qaaddo, ninkana ay sanka ka geliso jiritaankeeda sarreeya ee xaqiijinaya qofnimadeeda. Laakiin, kolka ay nafteeda asaga u bandhigayso ayada oo ah jir birbiraya oo xardhan oo isjajabinaya, yaanay sugin in ay xiskiisa ku yeelato derajo aan ahayn in uu u arko raaxadii gogosha.

Marka ay haweenaydu isu xorayso sida xornimada dhabta ah ay tahay, ninkuna waa uu xoroobayaa, bulshadu waa ay xoroobaysaa, jiilashuna waa ay xoroobayaan.

Taasina waa yoolka ugu weyn ee uu islaamku xaqiijinayo.

Bulshada muslimka ah dhexdeedana waxaa furfurmi doona guntimo badan oo maanta nafaha ciq ku ah, waxaana iskood u xallismi doona dhibaatooyin badan.

Dhab ahaanna bulsho walba waxay leedahay dhibaatooyin, laakiin noocyada dhibaatadu waxay ku kala duwanaataa hadba sida loo kala horumarsan yahay iyo ujeeddooyinku sida ay yihiin.

Dhibaatooyinka ay maanta wajahayaan bulshada muslimku waa iskudayga soojireenka ah ee la doonayo in lagu sugnaado caqiidada iyo iska sarraysiinta baahiyaha. Waa dedaal noojin badan oo aan dadka nasasho u oggolayn, aan una reebayn furrsad ay ilbiriqsi ku halmaamaan, laakiin se waa dedaal korukac oo sharfan. Waxa uu aadanaha u qaadayaa xagga sare isla waqtiga uu hore u sii riixayo

Bulshada akhlaaqda gabtay waxay leedahay guntimaheeda, dhibaatooyinkeeda iyo caddibkeeda. Laakiin dedaalka lagu bixinayo waa tacab khasaar maadaama uu aadayo jidka sheydaanka. Dhugasho qura oo aan ku eegno dunida ay maanta maamusho xadaaradda galbeedku-waa caalamka ilbiriqsi walba halis ugu jira in uu burburo e, keligeed ayaa ku filan in aan weydiin walba kaga warcelinno.

Bulshadaani ma khusayso muslimiinta oo qura e, waxay sidoo kale khusaysaa cid walba oo kula jirta oo ilmo aadan ah.

Muslimiinta dhankooda marka laga eego waa caqiido, marka qayrkooda xaggooda laga istaagana waa nidaam. Waa nidaam ay ku hoos noolaanayaan ayaga oo nabdoon oo horumar samaynaya, sidaa oo kalana waxaa u badbaadaysa caqiidadooda gaarka ah oo cidina kama ay taabanayso.

DABADEEDNA ....!

Intaa ka dib, waxaan ogahay in aanay dadku muslimiin ku noqonayn akhriska buuggaan iyo kun buug toonna!

Mayooy. Gumaysigii mucatablaydu ma uusan mashquulsanayn muddo laba qarni ah!

Cadaawaddu waxay ka dhex qaraxday muslimiinta iyo kirishtaanka iyo yahuudda tan iyo markii uu islaamku dhashay. Tan iyo markii uu Rasuulku S.C.W dawladdiisa ka dhisay magaalada madiina.

Mucatablayda iyo sahyuuniyaddu waxay islaamka dhagrayeen tan iyo ilibiriqsigaa.

Sidaa ayaa ayna u dhagri doonaan ilbiriqsi walba ilaa inta uu Alle ka dhaxlayo arlada iyo waxa ku dul sugan.[1] Ilaahay waa Eebbaha muslimiinta iyo Rabbiga dadka oo dhan, waana asaga kan yiri: *yahuud iyo kirishtaan*

---

1 Waxaa laga wadaa 'dunida marka uu halaago asaga uun baa waaraya. Tur

toonna idin ka raalli noqon mayaan jeer aad diintooda raacdaan'[2] *'kama baaqsanayaan in ay idin la diriraan jeer ay diintiinna idin ka saaraan haddiiba ay awoodaan'*[3]

Islaamka ayaa goobo badan kaga adkaaday, goobo badanna waxaa ku adkaaday mucatablayda iyo sayhuuniyadda.

Labadii qarni ee u dambeeyayna gaar ahaan, kolkii dunida islaamku kala tafaraaruqday ee ay googo'day, kolkii ay dhagaxowday ee ay kakanaatay ee ay ka tabardarraysay horumarka, mucatablayda iyo sahyuuniyaddu kama aanay gaabin in ay ka faa'idaystaan fursadda ay helaan, wayna ku degeen si ay u jarjaraan ninka buka oo ay u rudrudaan marka uu kala firdhismo asaga oo googo'an oo kala firxaday.

Ciddii u malaynaysa in galbeedku bariga islaamka ah u damaaciyay ilihiisa dabiiciga ah ama ilihiisa dadka ah ama baahi uu u qabo helidda suuq uu ku jabiyo badeecadiisa suuqa ka badatay ama rejo ay ka qabaan dheefsiga dheefnoqodka raasmaalka dhaqaale ee baadigoobka ugu jira kororsiga faa'idada.

Ciddii u malaynaysa in taasi tahay waxa galbeedka dabada ka riixayay ee uu u gumaysatay bariga islaamka ah waa warmooge marinhabowsan oo dhagran. Waxaa lagu dhagray dacaayadda mucatablayda laftooda ee mowqifka sidaan u sawirtay si ay indhaha uga qariyaan yoolashii asalka ahayd!

Ciddii ka shakisan in ay ahayd duullaan mucatba-

2 al-Baqara: 120
3 al-Baqara: 217

lay sahyuuniyadeed ee ku wajahnayd islaamka si looga takhalluso ee xididdada loogu siibo, ha akhriyo taariikhda!

Ha akhriyo buugga 'Baratakoollada murtilayda sahyuuniyadda'[4] iyo sida loo dhigay shaxda yahuudda si ay u dumiyaan labada caqiido ee kirishtaanka iyo islaamka, wadiiqo burburin oo walbana loo marayo. Waxaa ka mid ahaa in sida ugu ballaaran ee suuragal ah loo faafiyo aragtiyaha Farooydh iyo farriimaha Maarkis. [Sidoo kalana] sida loo dhigay taaktikada si gaar ah loogu burburinayo dunida islaamka ayada oo Yuhuudda waddan laga siinayo bartanka islaamka si ay u noqoto xarunta laga hinqanayo ee laga ambaqaadayo burburinta.

Ha akhriyo sida uu ra'iisulwasaaraha ingiriisku maalintii ay Masar qabsadeen 1882-kii uu baarlamaanka uga yiri asaga oo kitaab quraan ah gacanta ku haya: inta uu kitaabkaani gacmaha masaarida ku jiro, dalkaas kuma aynu negaan doonno.

Ha akhriyo sida ay ingiriisku u doorteen baadari ka soo jeeda dugsiga laahuudka[5] si uu u masar ugu dejiyo barnaamijta waxbarasho uuna u korjoogteeyo. Deenloob waxa uu ahaa la taliyaha wasaaradda aqoonta ee Masar iyo diyaariyaha nidaamkeeda, si ay dugsiyada masaarida uga soo baxaan jiilal aan tashuush mooye e wax kale islaamka ka aqoon.

4 In kasta oo ay buuggaas kuwo la ayniga ah shaki badan dhaliyaan, haddana waxa uu ku salaysan yahay aragtida hagardaamada. Ma hubo ilaa xaddiga ay sax tahay in la gu dul dhiso aragti jirta oo aan asaga oo kale tusaalaba u ga baahnayn. T

5 Laan aqooneed ah in wixii Alle ku saabsan si maangal ah loo diraaseeyo. Aqoonyahanka laahuudkuna waxay masiixiyadda fahamkeeda u cuskadeen in ay si caqli ah u lafaguraan. T

Ha akhriyo sida uu baabba Sooymar shirkii bishaareeyayaasha ku kulmay bariga dhexe bilowgii qarnigaan uu ugu warcelinayay erayada bishaareeyayaasha u istaagay in ay ku dhawaaqaan fadhiidnimada shaqadii bishaaraynta iyo in ay ku fashilantay hawsheedii, sababtuna ay ahayd in qof muslimiinta ka mid ah uusan aqbalin bishaaraynta marka laga reebo laba qaybood midkood: ilmo laga soo xaday waalidkii asaga oo yar oo deetana ku barbaaray kirishtaanka asaga oo asalka caqiidadiisii jaahil ka ah ama qof cayr ah oo aan haysan si uu u noolaado oo aan ka ahayn in uu u kirishtaamoobo si uu afgelis kimis ah u helo, uuna sii ahaado qof laga shakisan yahay in uu si dhab ah caqiidadiisii u beddelay. Baabba Sooymar oo ahaa guddoomiyihii shirka ee maalintaas ayaa kacay oo yiri: dadka hadlay si weyn bay u gefeen. Ujeeddada bishaaraynta ma aha in muslimiintu qaataan kirishtaanka. Ujeeddadu waa in muslimiinta laga duwo ku dhegganaanta diintooda. Taasna si weyn baan ugu guulaysannay innaga oo u marayna dugsiyadeenna gaarka ah iyo dugsiyada xukuumadda ee manaahijtaa wax ku dhigta.

Ha ka akhriyo buugga 'weerariddii dunida islaamka'[6] ee uu qoray nin faransiis ah, sida dalkii ay tagaanba ay bishaareeyayaasha iyo gumaystayaashu ugu dedaaleen faarfaaridda qaddiyadda haweenka iyo u ololaynta xoraynta haweenka iyo sidii bulshada loogu soo siidayn lahaa ayada oo qaawan si ay akhlaaqdu meesha uga baxdo, difaacii gumaysiga la ga la hortagi lahaana loo jiiro.

6 François Châtelet, waxaa uu noolaa 1925-1985. Faranji ku takhasusay taariikhda falsafadda iyo fikirka. T

Ha ka akhriyo buugga 'al-isticmaar wal tabshiir' ee Cumar Farruukh[7] qaababka ay adeegsanayaan gumaystaha iyo bishaareeyayaashu. Sida ay weligoodba isugu laran yihiin iyo sida ay abidba isu fahmayaan. Waxay amarrada weligoodba ka qaadanayaan hal il.

Ha ka akhriyo buugga 'al-Islaam calaa Muftaraq al-Duruq' ee uu qoray Liyobool Faays[8], sida mustashriqiinta ay mufakiriinta dunida islaamku warkooda ay u qaataan sidii oo ay tahay qaddiyaddii guriga ee ay ayada rumaystaan beeniyaanna quraanka, sida ay mushriqiintaasi u ahaayeen bishaareeyayaal kirishtaan ah oo baaritaannada cilmiga dhex dhumbada ayaga oo ku hubaysan qabyaaladda diineed ee xun.

Ha ka akhriyo cilmibaarista cajiibka ah ee uu Dr. Muxammad al-Bahi[9] ku qoray buuggiisa 'al-Fikru al-Islaami

7 Taariikyahan, qoraa, suugaanyahan, macallin barbaariye ah, turjumaan iyo xaqiijiye buugaagta farguriga oo ka mid ah luqadda carabiga ee faseexa ah in ay noqoto luqadda khudbooyinka, idaacadda iyo saxaafadda difaacayaasheeda ugu waawaynaa. Wuxuu qoray wax ka badan boqol buug oo isugu jira falsafad, taariikh iyo suugaan oo mid ka mid ah uu yahay lix mug. Waxa uu noolaa 1322-1408H oo ku beegan 1906-1987-dii.

8 Muxammad Asad (Leopold Weiss, kal hore), Austiran yahuudi hore ahaa oo muslimay. Aqaanyahan qoraa, weriye, naaqdi bulsheed iyo u ololeeye hagaagga bulshooyinka, turjumaan, diblomaasi iyo dhulmareen falsafadda ku bartay jaamacadda Fiyeena. Jinsiyadda Bakistaan qaatay oo u noqdau safiirkeeda u fadhiya qarammada mdoobay. Wuxuu ku dhintay Isbayn, waxa uuna ahaa mid ka mid ah muslimiinta Yurub kuwooda ugu caansanaa qarnigii labaatanaad. Wuxuu noolaa 1900-1992-dii.

9 Wasiir hore ee Awqaafta Masar, ka na mid ahaa mufakiriinta muslimiinta ugu waaweyn casrigaan, dadka na ugu yeeri jiray in asalkii loo noqdo oo la sameeyo hagaag diineed. Waxa uu dagabal ku sameeyay curashadii fikirka islaamiga ah tan iyo bilowgii ilaa waayadaan asaga oo barbardhig ku samaynaya madaahibta fikir ee kale si uu isugu gudbo afkaarta wax duminaysa, gumaystahana u fadeexaynaya. Waxa uu ka tegay buugaag kor u dhaafaysa 38 oo uu qoray.Waxa uu noolaa 1323-1403H oo ku beegnayd 1905-1982.

al-xadiith wa silatuhuu bi al-isticmaar al-qarbi':

'Sidee ayaa uu galbeedku ku helaa galaangalka uu ku leeyahay bariga islaamka?

'Sidee ayaa uu dibdhaca muslimku u sii jirayaa?

'Sidee ayaa ay mucatablaydu cuqdaddooda isaga neefiyaan?

'Saddexdaan weydiimood waxay midiba tan kale uga ga xiran tahay sida suuradda galbeedka kirishtaanka ah ee gumaystaha ah uu muslimka ka haysto, uuna doonayo in ay isku sii xirnaato si awooodda uu bariga ku leeyahay ay u sii jirto, weliba ayada oo ay jiritaanka middood ugu filan tahay in uu ku raaxaysto joogitaankiisa, ayna u kafaalo qaadayso in uu labada kalana hirgeliyo'.

'Sidaa darteed, tan iyo markii uu galaangalkii galbeedku ku dhaqaaqay in uu awooddiisa ku ballaariyo khariiradda bariga islaamka ah ayaa uu bilaabay in uu ka shaqeeyo dibdhaca muslimiinta iyo in uu iska neefiyo cuqdadda mucatabka. Ma jirin waddo kale oo yoolkaan lagu xaqiijinayo oo aan ka ahayn in uu qaato maaddada jihaynta maxalliga ah iyo in uu ka dhigo mid hawlgab ah. Bariga islaamkana ma aanay jirin hagid aan ka ahayn islaamka iyo dhaxalkii islaamiga ahaa ee ay muslimiintu ku sharraxeen diintooda. Haddaba, fasahaadinta islaamka iyo dhaxalka islaamiga ah waa bartilmaameedka koowaad. Waxa uu wadiiqadii arrintaa loo mari lahaana u doortay soo shaacbixinta farqiga u dhexeeya galbeedka iyo bariga ee ah horumarka kan hore iyo dibdhaca kan dambe. Waxa uu ka bilaabay sayniska, cilmibaaristii oo sababaha raadinaysana halkaa ayaa ay ka bilaabatay. Waxay sababihiina ugu dambayn isugu soo ururreen isu eegidda kirishtaanka iyo islaamka.

'Kirishtaanku waa diinta dunida horumartay, islaamkuna waa diinta kuwa dibusocdka ah!'

'Halkaa ayaa ay qaar muslimiin ahna la kaceen in ay dadka ugu yeeraan in galbeedka lagu raaco waxa ay gaareen ee xadaarad warshadeed iyo fikir dabiicadeed ah. Laakiin se raaciddaani bariga islaamka ah miradhal uma leh jeer ay islaamkana ka qaatan mowqif masiixiyadda u dhawaynaya!

Haaheey, ciddii ka shakisan duullaanka mucatabka ee taagan ee bari iyo galbeedba; ciddii ka shakisan duullaanka sahyuuniyadda ee haatan taagan; ha akhriyo taariikhda!

Marka uu taariikhda akhriyo waxa uu ogaan doonaa sida ay mucatablayda iyo sayhyuuniyaddu ugu dedaaleen in ay muslimiinta ka baydadiyaan diintooda, suuraddiisa maankooda ku jirtana ay u foolxumeeyaan, ayna ugu sawiraan in uu yahay dibdhac, hoobasho, dhagaxoobid, iyo dibusocdnimo ay wacan tahay in uu qofku ku degdego sidii uu haraggiisa isaga siibi lahaa, jahligiisa uu uga baxsan lahaa, culaysyadiisana uu isaga dejin lahaa.

Waxa uu ogaan doonaa sida ay u ahayd kaalin nidaamsan oo si gundheer loo dersay si bariga islaamka salka looga rujiyo ayada oo la duminayo dhidabbada diinta, furfuridda mareegta akhlaaqda, ka takhallusidda dhaqannada, soosaaridda u ololeeyayaal muslimiinta laftooda ka mid ah oo u qayladhaaminaya in la dumiyo diinta, akhlaaqda iyo dhaqanka, iyo in kuwaas lagu baritaaro qabashada xilalka waawayn iyo goobaha ummadda laga jiheeyo si ay ayaga ugu dabagabbadaan mucatablayda iyo sahyuuniyaddu, ayna muslimiintu ugu sirmaan hadalladooda ayaga oo matalaya muslimiin cusboonaysiinaya [islaamka]!

Waxa uu ugu dambayn ogaanayaa in dedaal laba qarni ah iyo waxa ay dedaalladaani ku reebeen nafaha muslimka aanay qayladhaan aan sii riidnayn oo buug ku qoran aanay ka takhallusayn!

Mayooy! Waan ogahay in aanay dadku muslimiin noqonayn sidaada ay u akhriyaan buuggaan iyo kun buug oo kale.

Sidaa oo ay tahayna waajibka qoraaga daacadda ah waa in uu dadka u digo, buunka digniintana uu u afuufo.

Waxaan wajahaynaa cadow aan ilbiriqsina daynayn la collaytankeenna iyo ka takhallusiddeenna. Waxaan wajahaynaa mucatablayda caalamiga ah iyo sahyuuniyadda caalamiga ah. Oo labaduba ku suntan gumaysiga galbeedka ama bariga. Ku suntan Israa'iil.

Waxaynu u baahannahay halgan joogto ah oo aan ku wajahno cadowgaan.

Halganku waa dhidid, dhiig iyo ilmo. Halgankgu waa huridda joogtada ah ee nafta, xoolaha, iyo dedaalka.

Ummadaha anshaxa beelay halgan ma yaqaannaan.

Waxaan la hurayn waa caqiido.. Waxaan la hurayn waa caqiido. Waxaan la hurayn waa caqiido.

Waxaan la hurayn waa caqiido seeto adag leh oo ka hor inta aanay furfurmin muddo dheer sii wadda iska difaaccida cadaadiska. Haddii se lagu xiro seeto jilicsan oo khafiif ah waa ay furfurmaysaa marka ugu horraysa ee la soo jiido, waana la iska hoggaansanayaa.

Ummaduhu waxay ku noolaadaan waa jiilka adag ilaa ay dhawr jiil tagaan ka hor inta aanay haadan ka shalwan. Sidaa darteedna waxa uu jiilkaani gutaa waajibkiisa iyo waajibka jiilal ku soo xiga.

Laakiin haddii ay asalka horaba diiddo mabda'a ad-adkaanta, ayna u malayso macangagnimo wax khasbaya aanay jirin, waxay weligeedba caqabado la'aan ku shalwataa hogga, waxayna ku dambaysaa hoog iyo haantooy.

Innaguna -si gaar ahaaneed, waxaan nahay dadka ugu baahi badan caqiidada.

Innagu, waxaan caqiido la'aan noqonaynaa shacab jilicsan, dabacsan, meecmeecanaya oo si dedgdeg ah u furfurmaya.

Caqiidada uun baannuna mucjisooyin ku samaynaa.

Taariikhdeenna oo dhan waa xaqiiqadaan.

Muddo ayaan caqiidada ku fara-adaygnaa ama aan xaggeeda u laabannaa oo waxay nagu kaakicisaa ruuxdii halyeeynimada, ruuxdii dedaalka iyo ruuxdii halganka. Muddo kooban ayaan ku samaynaa waxyaalo yaabkooda leh oo saamayntoodu dhawr jiil qaadan jirtay.

Muddo ayaan caqiidada faraha ka qaadnaa ama damiinno ayaan ka noqonnaa, saan noqonnaa burbur bidbidaya oo aan lahayn sees burburka ka ilaaliya.

Shucuubta yurub ee anshaxa beesshay ee ka fogaatay caqiidada, waa ay shiiqmi doonaan shaki la'aan, waxaana u dambayn doona hoog, sida uu dhigayo qaanuunka Eebbe ee dhulka *'cid sunnada Eebbe beddeli doontana ma ay jirto,'*[10] laakiin se sababo badan oo degaankeeda

10 Al-Axzaab: 62

iyo samaysinkeeda la xiriira waxa ay shiiqmiddeedu noqotay tu gaabis ah, si ba'an ugu dheggan. Waxay taasi ka muuqataa awooddooda ballaaran ee waxsoosaarka iyo adkaysigooda shaqo. Xoogsadaha iyo shaqaalaha halkaa jooga waxa uu shaqeeyaa lix saacadood [marka laga reebo nusisaaco nasasho, cunis iyo cabbis ah] lix saacadood oo shaqo dhab ah socoto, joornaal uusan akhrinayn, deriskiisa la sheekaysanayn, dadka ka qoslisiinayn, aan faallaynayn war, hal ilbiriqsina aan waxsoosaarka ka jeesanayn.

Keennee sidaa sameeya ama kara?

Xoogsadaha yahuudka ee carabta la jihaadaya ee dhulkooda ka boobaya waxaa uu mushahar yar ku shaqeeyaa lix saacadood oo xiriir ah, ka dibna waxa uu ku deeqaa saacado kale oo bilaash ah si waxsoosaarku u kordho.

Keennee ayaa sidaa fala ama awooda?

Kuwaani waa cadowgeennee aynu baranno.

Waxaa ina la qumman in aan noqonno kuwo ka karti badan oo ka go'aan adag si aan ugu adkaysanno halganka aan kula jirno oo aan uga adkaanno.

Innaguna waynu karnaa Alle idankii, horana waa u tijaabinnay oo waan samaynay.

Laakiin se waxaan u baahannahay caqiido. Waxaan u baahannahay caqiido inta aanay furfurmin ka hor cadaadiska muddo dheer u adkaysata. Waxaan u baahannahay laftimireed adag oo aan jabaynoo jilcayn.

Waxaan u baahannahay in aynaan noqon meecmeecdayaal jilicsan oo liicliicaya.

Waxaan u baahannahay in la waayo indhaha habowsan ee baxsan, qosolka kabkabka ah, socodka dareenkiciska ah, erayada xunxun, iyo dareennada u oomman raaxada xayawaanka.

Waxaan u baahannahay in haweenkannaga-unkayaasha jiilashu, ay noqdaan nafo aadane ee aanay noqon gobollo hilib solan ah iyo jir lagu raaxaysto.

Waxaan u baahannahay in dareennadannadu ka saramaraan duddumada jinsiga. In caaddifaddannadu dhab noqoto, afkaarahayagu dhab noqdaan, nafahayaguna nadiif.

Waxaan u baahannahay dhallinyaro xasiloon oo awooda in ay dedaal bixiyaan, in ay halgamaanna kara. Arrintaasna awoodi mayaan ayaga oo waqtigooda iyo dedaalkoodaba ku bixinaya u fooftagidda jidadka ay ugu meeraysanayaan sida eyda.

Waan ogahay waxyaabo kallifaya in ay dhallinyaro badan diinta ka didaan. Waxaan ogahay in aanay dadku muslimiin noqonayn judhaada ay buuggaan akhriyaan.

Sidaa oo ay tahayna wax shaki ah haba yaraatee kama aan qabo in mustaqbalku yahay mustaqbalka fikradda islaamiga ah.

Khasab ma aha in aan arko oo aan goobjoog u ahaado fikraddii oo waa dhow dhab noqonaysa.

Laakiin se cimriga ummadaha lagu ma cabbiro cimriga qofafka, lagu ma na qiyaaso muddada dhow.

Waxaan dareemayaa-shakina uusan iiga jirin, in islaamku uusan ahayn diinta buqcaddaan keligeed, se uu berri noqon doono nidaamka aadanaha. Nidaamka aadanaha xataa haddii aanay islaannimada soogelin.

Yurub way ka weecatay caqiidada, waxayna taa ku gaartay negaanshaha dhammadkiisii.

Way tijaabisay xadaaradda maaddiga ah, gaasha ah, mulxidadda ah ee Alle ka fogaatay.

Markii u horraysay waxay tijaabisay hantigoosadka.

Way ku gaalowday hantigoosadka, ka ma na aysan helin nidaamkii ay doonaysay.

Ka dib waxay tijaabisay shuuciyaddii.

Waxayna ku gaaloobi doontaa shuuciyadda berrida dhow ama berrida fog.

Waxay ogaan doontaa in shuuciyaddu aanay siin doonin rejadii ay naadinaysay.

Haddii ay siiso raashin, hoy iyo jinsi oo ah baahiyaha ugu muhiimsan ee uu Maarkis ku xaddiday Maanafeestada [Baaqa shuuciga], ma ay siin doonto nabad, raaxo iyo quudkii ruuxda.

Waxa ay aadanuhu ahaan doonaan kuwo dareema in wax uun jiritaankooda ka mid ah aysan weli dhargin. Shuuciyaddu ma aanay dharjin, ma na ay dharjin doonto xadaaradda maaddi ee gaasha ah ee mulxidadda ah ee Ilaahay ka fogaatay.

Amminkaas ayaa ay caqiidada u soo laaban doontaa.

Waxay u soo noqon doontaa nidaam kulminaya waaqaca maaddada iyo waaqaca ruuxda. Nidaam arlada jihaynaya asaga oo samadana ujeeda. Nidaam midaynaya labada dhinac ee noolahaan aadanaha ah: xantoobada ciidda iyo ruuxdii lagu afuufay.

Nidaamkaanina waa islaamka.

Arlada kama ay jirto wax kale oo xaqiiqadaa koobsaday.

Khasabna ma aha in dadka galbeedku ay soogalaan caqiidada islaamka.

Khasab ma aha in ay magacyadoodu noqdaan: Axmed, Muxammad, iyo Maxamuud.

Laakiin se waxay u soo laaban doonaan fikradda islaamka, oo duruufta ayaa ku xukumaysa. Waxaa ku xukumaysa tijaabada kharaar ee ay laba qarni ku soo rafaadeen iyo maalmaha soo biiraya, ee ugu dambaynna gaarsiisay argagax dilaa ah iyo burbur ba'an.

Waxaa muslimiinta la gudboon ayaga oo milkisan sahayda sidaa dhan u weyn, in ay noqdaan cidda ugu horraysa ee u laabanaysa caqiidadaan, nafacsanaysana tamarta ku jirta.

Waxaa la gudboon in ay u laabtaan kaalintoodii taariikheed ee hore; in aanay socotada faraqa sii haysan e ay caynaanka u hayaan.

Wayna awoodaan in ay sidaa noqdaan kolka ay Ilaahay rumeeyaan, ayna ku dhaqmaan akhlaaqda diintaan.

www.ingramcontent.com/pod-product-compliance
Lightning Source LLC
LaVergne TN
LVHW020711110826
845149LV00012B/2214